문예신서
285

이성과 감각

오스카 브르니피에

철학박사이자 교육자
(철학연수회와 아이들을 위한 철학)

조엘 코클레스

고교 졸업반 교사

이자벨 미옹

기록 관리원

이은민 옮김

東 文 選

이성과 감각

Oscar Brenifier
Joël Coclès
Isabelle Millon

La Raison et le Sensible

© Nathan / VUEF, 2001

This edition was published by arrangement
with Editions Nathan / VUEF, Paris
through Korea Copyright Center, Seoul

서 문

이 책의 선택: 철학적 실천

이 철학 입문서는 특히 고등학교 3학년 학생들을 위한 책이다. 이 입문서가 선택한 길은 무엇보다도 철학적 실천이다. 다시 말해 문제를 연습하고 사고를 명백하게 구성해 보는 길을 선택하고 있다. 이 책은 철학을 한다는 것이 더할나위없이 자연스런 하나의 행위임을 인정하며 출발하고 있다. 비록 수많은 장애물들이 이런 과정——어떤 만족감을 이끌어 주고 여기저기서, 예를 들어 텔레비전에서, 집에서, 강의실에서 수집된 여러 의견들 중에서도 우리들에게 확실하고 분명한 것이라 생각하도록 해주는 이미 잘 정착된 습관들——을 방해할지라도 말이다. 여러분이 질문하고자 하는 생각에는 발생하지 않을 수도 있을 기성의 사고들은 어쩌면 일순간에 불과한 것일는지도 모르겠다.

따라서 이 책에서는 빅토르와 그의 철학 친구가 서로 주고받은 대화, 즉 학생 스스로가 마음속으로 주고받는 것으로 여길 수 있는 대화를 제시하고 있다. 그 대화는 빅토르와 함께 여러분을 철학적으로 사고하도록 이끌어 줄 도구이다. 빅토르는 스스로 생각할 수 있도록 자문하는 법을 배울 것이다. 그리고 자신만의 방식으로 사고를 시험해 보는 반응을 정착시키며, 자신의 사고를 바탕으로 해서 문제를 만들고, 자신의 직감과 오류들을 이용하는 방법을 습득하게 될 것이다. 빅토르가 겪는 시행착오와 실수들은 철학적 과성을 이루고 있는 것이 무엇인지를 이해할 수 있도록 여러분을 이끌어 줄 것이다.

대화 속에 들어 있는 설명들은 철학적인 사고를 습득하는 과정에서 겪게 되는 전형적인 문제들을 이해시켜 주며, 다양하게 제시된 해결책들을 강조하고 있다. 작가의 인용 텍스트들은 언급된 이야기들을 지지하거나 반박하고 있다. 대화를 통해 부수적인 것으로 집계된 다루어야 할 주제의 상당수의 중요 질문들——문제 제기——은 여러분이 그 생각들을 공부하도록 도와 줄 것이다. 선택된 고전 텍스트는 이해를 돕는 질문 세 개를 동반하고 있으며, 여러분의 사고력을 구체화시키고 사고의 깊이를 더해 줄 수 있을 것이다.

　이 책은 초보자가 자기 자신과 맞서서, 그리고 다른 사람들과 맞서서 철학적인 사고를 구축하도록 이끌어 주는 데 그 목적을 두고 있다.

제 I 부   대 화

제II부 텍스트

최종 목록들

이 책의 사용법

이 책은 대화와 텍스트라는 두 가지 입문법을 포함하고 있다. 최종 목록들은 세번째 입문 가능성을 제시하고 있다.

대 화 대화는 여러분이 심사숙고해서 문제를 구상하고 인지할 수 있도록 도와 줄 것이다.

방법론적인 지적들:
- ❗ 방법론적인 오류 판별(장애물)
- ⚙ 장애물에 대한 성공적인 처리 판별(해결책)

문제 제기:
제II부 텍스트를 가리키며, 대화 단계에서 갑작스럽게 생긴 문제 제기.
인용문: 대화 끝부분에 언급된 인용문들을 가리킨다. 이 인용문들은 무엇이 표현되었는지 확고히 해주거나 반박한다.

각 대화의 끝부분에는 다음 세 가지가 정리되어 있다.
철학자들의 반응 — 일련의 인용문들: 여러 작가의 사고가 좀더 완벽한 형식으로 여러분들의 사고에 영향을 끼칠 것이다.
요약 — 대화의 핵심.
개념 도구들 — 대화중에 나타난 개념들 정의.

작가의 텍스트 각각의 텍스트는 대화중에 나타난 문제 제기에 대해
답변을 하고 있다.

문제 제기 — 관련된 문제 제기.

본문 텍스트 — 문제 제기와 관련해 심사숙고하기를 제안하는 고
전 텍스트.

세 개의 질문 — 세 개의 질문은 저자의 개념들을 판별하고 분명하
게 할 수 있도록 가르쳐 준다.

이에 대한 대답은 책의 끝부분에 있다.

최종 목록들 최종 목록들을 이용해 여러분은 책 속을 돌아다니며 제
기된 문제를 곰곰이 생각한다거나, 개념을 분명하게 한다거나, 또
는 방법적인 문제를 얻을 수 있을 것이다.

문제 제기 목록: 각각의 문제 제기와 관련해 문제가 제기됐던 대화
와 그 문제가 논의되고 있는 텍스트를 가리킨다.

게다가 이 목록은 그 주장과 관련되어 있는 문제 제기에 대해 전체
적인 시각을 가질 수 있게 해준다.

방법론적인 지적을 주고 있는 목록: 이 목록은 제시된 해결책(해법
들)과 대화의 오류(장애물들)를 조사하여 명확히 규정하고 있다.

개념 도구 색인: 색인은 개념 도구들이 정의되었던 대화를 가리킨다.

대 화 I

- **빅토르**

  고등학교 3학년생

- **엘로이즈**

  철학 친구

  이성과 감각에 대해 서로 묻다.

1

옳다는 것

빅 토 르 난 내가 옳다고 믿어.

엘로이즈 옳다는 게 그렇게 좋니?

빅 토 르 당연하지. 다른 사람들이 그런 것처럼!

❗ 수적인 변명

어떤 현상이 자주 일어난다는 사실을 무턱대고 주장하는 것은 증명도, 설명도 아니다.

엘로이즈 그건 왜?

빅 토 르 내가 결정적인 말을 한다는 건, 내가 무슨 말을 하는지를 알고 있다는 뜻이거든.

❗ 의미 변화

'결정적인 말을 하다' 는 '토론에서 이기다' 라는 뜻으로, 꼭 '자기가 무슨 말을 하는지를 알다' 라는 뜻은 아니다. 어떤 표현을 마치 아무 일도 없었다는 듯이 전혀 다른 뜻으로 바꿔서는 안 되겠다.

엘로이즈 어째서?

빅 토 르 내가 옳고 네가 그르다면, 그건 나는 알고 너는 모른다는 사실을 뜻하니까.

엘로이즈 네 생각에 동의하지 않는데도?

빅 토 르 그릇 생각하는 사람들은 보통 자신들이 그르다는 사실을 인정하기가 무지 어렵거든.

❗ 성급함

사람들은 그때그때마다 너무 즉각적으로 대답한다. 토론 전체를 생각해 보지도 않고, 추론의 일반적인 흐름을 좇아가려고 하지도 않으면서 말이다. 그렇기 때문에 불일치의 객관적인 결과와 발생 동기가 서로 혼동된다.

어떠한 희생을 치르더라도 자신이 옳아야 한다는 강박관념 속에서 이루어진 반론을 더 이상 이해할 수는 없다. 질문을 무시하는 대답이니까.

엘로이즈 그럼 네가 옳다는 건 어떻게 아는데?
빅 토 르 그야 확실하니까.
엘로이즈 확신해?
빅 토 르 물론.

대답을 너무 빨리하고 있다. 천천히 토론의 초점을 생각하고 분석하지도 않으면서 말이다. 개인적인 성격 때문에 대답을 너무 빨리하는 수도 있다.

엘로이즈 나중에 네가 도달하게 된 견해를 벌써 주장하는 거야?
빅 토 르 물론이지!
엘로이즈 하지만 조금 전에는 확신했다며?
빅 토 르 바보들만이 생각을 바꾸지 않는 법이지!

이런 식의 매우 즉각적이고 사려 깊지 못한 대답들에는 언제나 생각할 여지가 없다.

사납게 말대꾸하면 대화의 초점은 끝까지 분명해지지 않는다.

옳아야 한다는 강박관념 때문에 제대로 듣지 못해 질문의 진정한 의미를 이해하지 못한다.

엘로이즈 그건 뭘 입증하는데?
빅 토 르 당연히 난 개방적이고 꽉 막혀 있지 않다는 것

❶ 격한 감정

❶ 성급함

❶ 성급함

❶ 일치성 상실
❶ 격한 감정

이지.

엘로이즈 근데, 아까는 네가 옳다며.

빅 토 르 맞아.

엘로이즈 옳았었다는 거니?

빅 토 르 응, 근데 사람들은 더 이상 그 상태에서 벗어나지 않아.

엘로이즈 그게 무슨 말이야?

빅 토 르 사람들이 여러 사실을 말하기 위한 올바른 판단력을 갖추고 있다면 그들이 옳다고 생각해. 때때로 그릇된 판단력과 논쟁하니까 말야. 그런데 사람들은 논쟁한다는 이유만으로 자기들이 옳다고 믿지. 하지만 사람들이 말하는 것에는 아무런 이점이나 의미가 없을지도 몰라. → 인용문 1

'옳다(avoir raison)'라는 말과 구별되는 '올바른 판단력(bonnes raisons)'에 나오는 '판단력, 이성(raison)'이라는 용어를 새로 받아들이면서 '옳다'는 표현을 어느 정도 정의할 수 있게 된다.

여러 가지 의미가 함축되어 있는 '올바른 판단력'이라는 개념의 내용을 파악해 보지도 않고 사용하고 있다.

엘로이즈 그런 판단은 무엇에 달려 있는데?

빅 토 르 판단한 게 아니야.

엘로이즈 모르겠어.

빅 토 르 나는 판단하지 않아. 누구나 자기가 생각하는 것을 말하지. 판단을 내리는 게 아니라구.

엘로이즈 하지만 네가 '올바른 판단력'이라고 말했잖아.

빅 토 르 그래, 내 판단력은 내게 있어서는 옳고, 네 판단력은 너에게 옳아.

문제 제기 1:
이성을 추론으로 요약할 수 있을까?(텍스트 p.137)
문제 제기 2

✿ 조작 개념의 도입

❶ 다(多)개념

엘로이즈 그건 판단이 아니야?

빅 토 르 아마 그럴지도 모르지. 하지만 다른 사람들을 판단하는 건 아니야.

❶ 성급함

토론의 쟁점을 명확히 하지도 않고, 문제를 보다 명확히 제기해 보지도 않은 채 여전히 너무 성급하게 대답하고 있다.

❶ 격한 감정

여전히 옳아야 한다는 강박관념, 다시 말해 앞에서 한 말을 유지하지 못하면 어쩌나 하는 근심이다.

❶ 의미 변화

'판단하다'를 '다른 사람들을 판단하다'로 바꾸면 질문은 어긋나고 완전히 다른 것이 되고 만다.

엘로이즈 이성이 옳다고 생각하면 모든 이성은 옳은 거야?

문제 제기 2:
이성이 신념의 체계를 이룰 수 있을까?(텍스트 p.138)
문제 제기 3,4

빅 토 르 그러고 싶다면 그런 거지. 어쨌든 자기가 말하는 것을 믿으면, 난 그걸 참이라고 해. 다른 사람들의 말을 듣기보다는 나 자신에게 충실해야 하는 거지. 그렇기 때문에 이성을 사용하는 이에게 이성은 무엇보다 옳은 거야. 물론 자기 자신에게 일관적이어야겠지. 늘 생각이 한결같지 않은 다른 사람들에게 문제가 될 수 있다는 것도 알지만. → 인용문 2,3

☼ 조작 개념의 도입

'자기 자신에 대한 충실함'이라는 개념을 통해 우리는 '올바른 판단력'이 무엇으로 이루어졌는가를 이해하고 입증할 수 있다.

☼ 모범적인 문제 제기

더구나 이 개념은 이타성과 반대 개념으로 이해되면서 문제가 되기도 한다. '자기 자신에 대한 충실함'은 동일한 '충실함'을 따르지 않는 이야기 상대자에게는 분명 난처함을 일으킨다. '일관성'이라는 개념에는 매번 '각자의 견해'에 흔히 나타나는 상대주의를 피하려는 엄격함이 있다.

엘로이즈   그러니까 모든 사람이 옳다?

빅 토 르   어떤 식으로는 그런 셈이지.

엘로이즈   이웃집 남자가 우리를 위협할 경우 그를 죽이는 게 정당하다고 내가 우기면?

빅 토 르   네가 옳은 거지, 하지만 그래도 지나쳐서는 안 돼.

엘로이즈   왜 그런 말을 하지?

빅 토 르   다른 사람들을 죽일 권리는 없으니까. 사형 제도도 허용되지 않고, 게다가 사형 제도는 이미 오래전에 사라졌다구.

❶ 잘못된 명증

일반적이고 단호하게 금지한다고 무턱대고 단번에 인정되지는 않는다.

❶ 사회 통념

프랑스에서 사형 제도가 아주 오래전 사라졌다는 것은, 빅토르가 금하는 것이 보편적이라는 사실을 정당화하는 데에 전혀 도움이 되지 않는다.

엘로이즈   사형 제도가 정당하고 옳다고 생각하기 때문에 그 제도를 지지하는 사람들이라면?

빅 토 르   그 사람들이 옳지 않다고 생각해.

엘로이즈   그들이 옳지 않다고?

빅 토 르   '생각해'라고 말했잖아.

엘로이즈   그럼, 그들이 옳을 수도 있다는 거니?

빅 토 르   아니, 사실은 옳지 않다고 믿어.

❶ 독단적인 확신

사형 제도를 정당화할 수 없다는 사실을 다른 형태로 여러 번 반복하고 있다. 새로운 논쟁을 일으키지도 않으면서 말이다.

엘로이즈   네가 그걸 어떻게 알아?

문제 제기 5:
도덕은 이성의 산물인
가?(텍스트 p.142)

❶ 다(多)개념

빅 토 르 다른 누군가에게 고통을 줄 권리는 없으니까. 조금만 생각해 봐도 알 수 있어. 도덕적으로 그럴 권리가 없다는 건 잘 알고 있잖아. → 인용문 4

"도덕적으로 다른 누군가에게 고통을 줄 권리가 없다"는 개념은 그 윤곽도 거의 분명치 않고 전혀 정당화되지도 않았다.

엘로이즈 그들이 고통스럽다는 건 어떻게 아는데?

빅 토 르 또 과장하는 것 좀 봐! 그래도 사람들은 그들을 죽여. 그게 고통스럽지 않다고 나한테 말할 수는 없을 거야. 그리고 적어도 신체적 고통을 가지고 왈가왈부할 수는 없어.

엘로이즈 미국의 어떤 주에서는 아무런 고통도 느껴지지 않는 화학물질을 투입한대.

빅 토 르 그래, 하지만 그렇게 말하는 사람들도 자신들이 직접 겪지는 못했어.

엘로이즈 그럼 고통을 당하는 사람들은?

빅 토 르 물론, 그 사람들은 강렬하게 느끼기 때문에 그 물질이 어디에서 나오는지를 잘 알 거야.

엘로이즈 그 사람들만 알까, 아니면 다른 사람들도 알고 있을까?

문제 제기 6:
감각을 통한 지각만으
로 충분히 알 수 있을까?
문제 제기 7

빅 토 르 한 사람에게 고통스럽다면, 분명 다른 사람들에게도 고통스러울 거야. 지각은 우리를 속이지 않는 법이니까. 고통, 감각은 의견하고는 달라. 사람들은 모두 똑같이 느낀다구. → 인용문 5,6

엘로이즈 오리털 베개를 베면 아플까?

빅 토 르 아니, 아주 쾌적하지. 특히 피곤할 때는 더 그럴걸.

엘로이즈 새털 알레르기가 있는 천식 환자라면?

빅 토 르 그야 물론 안 좋겠지.

엘로이즈 진수성찬으로 차려진 식사는 늘 즐거울까?

빅 토 르 당연하지, 특히 배가 고플 때는.

엘로이즈 배가 고프지 않다면?

빅 토 르 배고프지 않을 때에 먹는다는 건 당연히 즐겁지 않지.

엘로이즈 이런 식으로 가다 보면 어떤 결론에 도달하게 되지?

빅 토 르 알겠다, 네가 원하는 게 뭔지 알겠어. 내가 자기 모순을 범하기를 바라는 거지! 그래, 맞아. 사람마다 느끼는 감각은 견해처럼 각자에게 달려 있어. → 인용문 7

문제 제기 7:
이성의 반대말은 감각보다는 인간일까?(텍스트 p.144)

❶ 일치성 상실

❶ 문제 제기의 난점

관계(lien)는 대화중 여러 순간에 만들어지는 것이 아니다. 이 관계만으로 개념화와 문제 제기가 가능해질 것이다.

제기된 다양한 논쟁들을 충분히 이해하지 못하고 있는 성찰이다. 그렇기 때문에 문제가 완벽하게 제기되지 못한다.

엘로이즈 우리가 알고 있는 것 가운데 어떠한 것도 아무 쓸모가 없다는 뜻이니?

빅 토 르 그래, 하지만 아까 말했듯이 과장할 필요는 없어.

엘로이즈 말하자면?

빅 토 르 그래도 부정할 수 없는 사실들이 있다는 거야.

엘로이즈 그걸 어떻게 알아?

빅 토 르 모든 사람들이 이미 다 알고 있으니까. 누구에게든 물어봐! 또 과학자들이 그렇다고 말했기 때문이기도 하고. 요즈음 누구 하나라도 태양이 지구 주위를 돈다는

문제 제기 4:
권위적 추론은 이성에 일치하는가?(텍스트 p. 141)
문제 제기 3

1. 옳다는 것 21

게 맞다고 여기거나, 그런 주장이 있다고는 나로서는 믿겨
지지 않아. → 인용문 8

❶ 사회 통념

"모든 사람들이 그걸 알고 있다"와 "과학자들이 그렇다고 말
한다"는 권위적 논쟁으로, 결코 그 자체로 정당화되지는 않는다.

엘로이즈 모든 사람들이 지구가 평평하고, 태양이 아침
마다 뜬다고 믿었던 때기 있었어.

빅 토 르 그래, 하지만 그건 과학이 도입되기 전이었
어. 지금은 달라졌다구.

엘로이즈 하지만 20년 전에 감히 우리가 포유류를 복제
하리라고 누가 알았겠니?

빅 토 르 아마 몇몇 과학자들은 확신했을 거야.

엘로이즈 대부분의 보통 사람들은?

빅 토 르 그들이야 전혀 몰랐겠지. 아마 믿지도 않았을
거야.

엘로이즈 그럼 어느쪽이 옳은 거지?

빅 토 르 알았어, 하지만 그건 과학이야. 이 문제와는
아무 상관이 없다구.

❶ 성급함

생각없이 성급하게 대답하여 제기된 문제를 회피하고 있다.
진정한 논쟁을 일으키는 대답이라면 특정 분야에 대해 문제가
되는 주장의 내용을 뒷받침해야 할 것이다.

엘로이즈 어떤 점이 다른데?

빅 토 르 옳고 그름의 문제가 아니라 참인지 거짓인지
를 알아야 하는 거니까.

엘로이즈 어떤 차이가 있지?

빅 토 르 각자의 선택에 달려 있지 않은 대답이라는 점.

엘로이즈 과학자가 착각할 수는 없을까?

빅 토 르 물론 그럴 수 있지. 하지만 반박할 수 없는 사실을 그가 말할 수도 있어.

엘로이즈 그럼 그게 늘 참일까?

문제 제기 8:
이성은 믿을 수 있는 것일까?(텍스트 p.145)
문제 제기 3

빅 토 르 아니, 왜냐하면 과학이 발전한다는 것과, 참이라고 믿어 왔던 사실이 거짓이 될 수도 있다는 사실이 참이기 때문이야. 결국 발전 때문에 아무것도 확실치 않은 거지. 철학의 모든 분야에서처럼 과학에서도 마찬가지야. → 인용문 9,10

✿ 조작 개념의 도입

발전이라는 개념으로 인해 과학적 사실이 늘 확실한 게 아니라는 것을 알 수 있다.

❶ 다(多)개념

매번 발전이라는 개념이 제기하는 문제는 지식의 불확실한 측면으로 인해 제대로 접근되거나 분명하게 표현되지 못한다.

엘로이즈 그럼 일상적인 토론과 과학의 차이는 어디에 있는 걸까?

빅 토 르 과학은 증명을 해, 입증을 한다구.

엘로이즈 증명으로 한 명제의 진리가 충분히 입증될 수 있을까?

문제 제기 9:
이성을 논리로 환원할 수 있을까?(텍스트 p. 146)
문제 제기 8

빅 토 르 그럼, 논리적이라면 말야. → 인용문 11

엘로이즈 그렇다면 논리적인 게 참이야?

빅 토 르 아니, 그렇다고 생각지는 않아. 사실 모든 경우에 사람들은 옳을 수도, 그를 수도 있어. 그건 개인과 상황에 따라 달라진다고 생각해.

❶ 상대적인 것의 불명확함

옳다는 것이 "개인과 상황에 따라 달라진다"면, 모호한 상태에 있으려고 상대적 입장을 취하기보다는 이러한 다름이 어떤 것인지를 규정해야 할 것이다.

증명과 논리라는 개념들은 효과적인 사유에 필요한 도구들로 그뒤에 극단적인 상대주의에 대한 긍정이 이어진다. 일반적인 문제 제기와 그 문제 제기에 있는 다양한 명제들을 연결시켜 보지도 않은 채 극단적인 상대주의에서는 모든 것이 상황에 달려 있다.

엘로이즈 흔히 반박할 수 없는 것이라고 확신할 수 있는 것 말고는 아무것도 없는 걸까?

빅 토 르 아니, 물론 있지!

엘로이즈 예를 들면?

빅 토 르 음, 인간은 존재하고 생각한다.

엘로이즈 어떻게 그걸 알지?

빅 토 르 다 알고 있는 거니까.

엘로이즈 뭘?

빅 토 르 어디에나 인간이 있고, 그들이 여러 가지를 한다는 거.

엘로이즈 그들이 생각한다는 건 어떻게 알아? 그것도 알아?

빅 토 르 아니, 하지만 그 결과는 보이지.

엘로이즈 이를테면?

빅 토 르 과학과 예술의 진보. 동물들은 그런 걸 모르니까.

엘로이즈 하지만 그게 다른 어떤 것의 결과라는 건 어떻게 알아?

빅 토 르 그렇다고 아인슈타인이 될 필요는 없어. 조금만 생각해 보면 돼.

이 둘을 합쳐 주는 일반적인 명제를 만들어 보지도 않고서 지각과 사고를 인식의 '분명한' 도구로 제시하고 있다.

엘로이즈 그럼 보기만 해도 되는 거야?

빅 토 르 물론 아니지! 그렇지 않으면 동물들도 이성에 접근하는 게 되니까. 보기만 해서 되는 게 아니라, 그러한 것들에 대해 알기 위해 합리적으로 추론해야 해. → 인용문 12

문제 제기 10:
현실이란 우리가 감각을 통해 지각하는 것이 될 수 있을까?(텍스트 p. 147)

❶ 합(合)의 착각

본다는 것과 합리적이라는 것을 둘 다 인식의 방법으로 언급하고 있다. 하지만 이 둘의 기능상의 관계를 연결하기 위해 어떠한 것도 명확히 제시되지 않는다.

엘로이즈 깊이 생각하기 위해 뭘 이용하지?

빅 토 르 우리의 뇌, 우리의 정신이지.

엘로이즈 상상하고, 창조하고, 착각하기 위해서는?

빅 토 르 마찬가지야. 뇌와 정신.

엘로이즈 그렇다면 우리가 같은 기능에 호소하는 거야?

빅 토 르 아니, 생각하고 분석하기 위해서는 다른 걸 부르지.

엘로이즈 그런 특수한 기능을 뭐라고 부르면 좋을까?

빅 토 르 그래, 알겠어. 네가 처음부터 한 게 뭔지 알겠다. 넌 철학자들이 '이성(raison)'이라고 일컫는 그 유명한 걸 말하고 싶은 거야.

엘로이즈 기분 나빠?

문제 제기 3:
이성은 보편적인가?(텍스트 p.140)

빅 토 르 조금, '이성(raison)'이라고 말하니까. 또 그 단어만으론 잘못 받아쓸지도 모르니까. 그럼 어떻게 사람들은 자신이 옳다는 걸 확실하게 알 수 있는 거지? 이런 생각은 위험하다구! → 인용문 13,14

엘로이즈 어째서?

빅 토 르 사람들은 더 이상 자신의 견해를 가질 권리가 없게 돼. 어떤 생각들은 다른 사람들에게 옳으니까 말야.

엘로이즈 네 생각을 좀더 설명해 줄래?

빅 토 르 과학에서, 과학자들은 그들이 과학을 잘 알기 때문에 늘 옳지. 생활에서도 그래. 전문가들은 늘 옳아. 예를 들면 정치가들은 정치에서 그렇잖아. 그리고 이러한 생각에 난 동의할 수 없어.

엘로이즈 그럼 넌 합리적으로 추론하는 사람이나 이성에 무지한 사람을 더 믿는 거야?

빅 토 르 그래, 분명 난 합리적으로 추론하는 사람을 더 좋아해. 하지만 이미 다 완성된 생각을 가진 사람들은 두려워. 그들은 늘 자기들이 옳아서 다른 사람 얘기는 듣지 않으니까.

엘로이즈 그 사람들도 자기들의 이성을 사용할까?

빅 토 르 아니, 그들은 귀머거리고 장님이야. 모든 걸 다 알고 있다고 믿으니까.

엘로이즈 그래서 어떤 결론에 도달했니?

빅 토 르 결국 옳다는 게 늘 이성과 관련 있는 건 아니야. 사람들이 자기가 옳다고 말할 때, 그건 마치 사유가 다 끝났다는 것과 같기 때문이지. 그렇지만 이성은 결코 정지하지 않아. 난 그게 중요한 차이라고 생각해.

✿ 사고의 완성

'다 끝난' 사유인가, 그렇지 않은 사유인가라는 생각이 '이성'과 '옳음'을 구분하지 않는다.

철학자들의 반응

→ 인용문의 번호는 대화를 가리킨다.

1. "우리는 함께 논쟁에 참여한 사람들이 보기에 전적으로 잘못을 범하고 있는 것처럼 보일 때나, 심지어 자기 자신이 보기에 그럴 때에도 사실 객관적으로는 우리가 옳을지도 모른다."(쇼펜하우어, 《항상 옳을 수 있는 기술 *L'Art d'avoir toujours raison*》(사후 출판), 1864)

2. "당신에게 믿음을 주는 것은 당신 자신과의 합의와 당신의 이성이 가는 지속적인 길이지 다른 것들이 아니다."(파스칼, 《팡세 *Pensée*》(사후 출판), 1670)

3. "지적인 사람들이 진리를 탐구할 때 자신들이 선천적으로 지닌 정신보다 다른 사람들의 정신을 더 즐겨 이용하는 일이 어떻게 일어나는가를 이해하기란 매우 어렵다."(말브랑슈, 《진리를 향한 추구 *De la recherche de la vérité*》, 1674)

4. "완전한 선과 완전한 악은 감각 속에 있다."(에피쿠로스, 《메노이케우스에게 *Lettre à Ménécée*》, 기원전 3세기)

5. "진리를 깨닫는 일은 원래 감각에서 비롯되고, 감각이 판단하는 것에는 오류가 있을 수 없다."(루크레티우스, 《사물의 본성에 관하여 *De la Nature*》, 기원전 1세기)

6. "인간은 행동하기 위해 매번 자기들의 눈을 사용하지만, 진리를 깨닫기 위해서는 자신들의 정신을 거의 사용하지 않는다."(말브랑슈, 《진리를 향한 추구》, 1674)

7. "우리가 모든 인간이 동일한 물건에 대해 동일한 감각을

느낀다고 믿기 때문에, 우리는 동일한 주제에 대해 모든 인간이 동일한 열정을 갖고 행동한다고 생각한다(…)."(말브랑슈, 《진리를 향한 추구》, 1674)

8. "매우 이성적이거나 겸손한 사람들은, 그들이 배움을 얻은 다른 사람들보다 참과 거짓을 잘 구별 못한다는 것을 알기 때문에 혼자서 더 나은 것을 찾기보다는 자기들이 배움을 얻은 다른 사람들의 견해를 따름으로써 분명 훨씬 더 만족스러워한다."(데카르트, 《방법서설 Discours de la méthode》, 1637)

9. "사람들은 옛사람들이 우리보다 훨씬 똑똑했고, 그들이 해내지 못한 것은 아무것도 없다고 생각한다."(말브랑슈, 《진리를 향한 추구》, 1674)

10. "사물을 어떤 영원한 것으로 파악하는 것이 이성의 본질이다."(스피노자, 《윤리학 Éthique》(사후 출판), 1677)

11. "(…) 논리학은 더 나아갈 수가 없다. 형식이 아닌 내용에 이르는 오류를 논리학은 어떠한 시금석으로도 발견할 수 없기 때문이다."(칸트, 《순수이성비판 Critique de la raison pure》, 1781)

12. "어떠한 사물도 자신이 만들어지게 된 원인, 또 자신이 만들어 낼 결과를 감각적 특성으로 드러내지 않는다."(흄, 《인간 이해력에 관한 철학 논고 Philosophical Essays Concerning Human Understanding》, 1748)

13. "(…) 인간의 정신은 눈으로 확인할 수 있는 모든 존재의 완전성과 사상을 자기 안에 가두지 않는다. 그렇게 되면 그것은 보편적일 수 없기 때문이다."(말브랑슈, 《진리를 향한 추구》, 1674)

14. "최종의 목적이 군중의 삶을 지배한다. 이성은 보편적인 역사에 있다. 그것은 주관적이고 특정한 이성이 아니라 신성하고 절대적인 이성이다(…)."(헤겔, 《역사 속의 이성 *La Raison dans l'histoire*》(사후 출판), 1837)

요 약

'옳다'는 것은 가장 흔하게는 어떤 견해를 제시하거나 설득하거나 강제로 그 견해를 강요할 수 있다고 상상하는 것, 즉 '결정적인 말을 하는' 것이다. 하지만 이러한 확신은 금방 부실한 것으로 나타나고 우리는 상대론에 이르게 되는 것, 즉 각자가 옳다고 믿으면 옳은 것이 되어 버리는 것이다. 이때 감각을 통해 진리의 보다 신뢰할 만한 기준을 찾으려는 시도가 생겨난다. 슬프게도 감각으로는 상대론을 벗어날 수 없다. 이 경우 이성은 다른 수많은 견해들 가운데 한 견해의 모습을 취할 위험이 있다. 매번 과학에서 그렇듯이, 입증하고 증명한다는 생각은 우리를 불확실성으로부터 벗어나게 해줄 것이다. 물론 참이 거짓이 되는 경우가 종종 있기는 하지만 말이다.

개념 도구들

상대론(Relativisme): 모든 사물이 수많은 요인에 따라 본질적으로 변할 수 있다는 원리이다. 그리하여 가장 중요한 말이란 것은 성립할 수 없다.

추론(Argument): 어떤 명제의 참·거짓을 입증하는 것을 궁극적인 목적으로 삼아 합리적으로 따져 보는 과정을 이루는 요소.

논증(Argumentation): 결론에 이르기 위한 일련의 혹은 연쇄적인 추론.

증명(Démonstration): 주어진 기본 여건, 전제들에서 출발하여 반드시 어떤 결론에 이르게 되는 합리화 과정. 이때의 전제들은 그 자체로 명백하거나 예전에 증명된 것이어야 한다.

증거(Preuve): 어떤 전제를 정당화하기 위한 정보나 합리화 과정.

감각(Sensation): 사물의 있음과 그 성질을 감각을 통해 느끼는 것을 말함. 이 용어는 느껴지는 바 사물 자체나 감각의 내용을 가리킬 수도 있다.

감각 능력(Sensibilité): 어떤 존재가 감각을 통해 느낄 수 있는 능력 혹은 감각의 영향을 받을 수 있는 능력을 지칭한다.

교조주의(독단화)(Dogmatisme): 몇몇 진리들이 강령에 따라 의심의 여지없이 결정적으로 확립되는 것을 말한다.

회의론(Scepticisme): 어떠한 것도 확실하게 긍정될 수 없다고 생각하는 모순적인 태도. 그 결과 우리의 견해는 끊임없이 의심을 받고 재검열된다.

확신(Conviction): 정신이 어떤 진리, 또는 실천적 명령을 강력하게 지지함.

설득(Persuasion): 지지 혹은 지지하라고 부추기는 것을 지칭함. 이러한 부추김은 이성보다는 감성이나 상상력에 근거를 둔다.

이성(Raison): 인식하고, 분석하고, 비판하고, 판단하고,

가설을 만들고 관계를 설정하며 개념화할 수 있는 인간 고
유의 능력. 감각·본능·감정에 반대된다.

　사유의 규범. 절대적인 것으로 여길 수도 있음.

　이유나 설명.

2 감각을 견디는 이성

엘로이즈 지난 토론 때 내가 진수성찬으로 차려진 식사가 기분 좋은 거냐고 물었지?

빅 토 르 그랬지, 그리고 내가 '응, 특히 배가 고플 때에는'이라고 대답했구.

엘로이즈 만일 네가 밥을 내놓는데 내가 먹고 싶지 않다면?

빅 토 르 배가 고프지 않거나 아픈 거라고 생각하지.

엘로이즈 왜?

빅 토 르 왜라니?

엘로이즈 만일 네가 잘 차린 식사를 내가 먹으면, 뭐라고 결론을 내릴 건데?

빅 토 르 아무 결론도 없지, 뭐. 그저 배가 고팠던 모양이라고 생각하겠지.

❶ 성급함

신중한 대답이 아니다. 대답이 너무 뻔하다는 핑계로 결론을 거부하고 말았다. 그렇다고 꼭 그럴 필요는 없는데도 말이다.

엘로이즈 자기 모순 아니야?

빅 토 르 어째서?

엘로이즈 네가 한 말을 다시 해봐.

빅 토 르 네가 배가 고프다고 생각하겠지.

엘로이즈 그게 결론이 아닐까?

빅 토 르 그래, 하지만 결국 잘 차려진 식사를 먹는다는 건 내게 특별할 것이 없는, 보통 일어나는 일 같은데.

문제를 끝까지 생각하지 않으려고 '보통 일어나는 일'이라 하고 있다.

엘로이즈 왜?

빅토르 보통은 배가 고프니까.

엘로이즈 배고프지도 않은데 먹는 일은 없니?

빅토르 왜, 있지. 나만 해도 벌써 두세 번 그런 적이 있는걸. 엄마가 나만을 위한 특별 요리를 해주셨던 날이 있었어. 배도 안 고팠는데 할 수 없이 먹었지.

이 예는 더 발전될 수가 없다. 결론과 개념, 혹은 문제 제기를 끌어내기 위해서는 좀더 분명하게 설명해야 한다.

엘로이즈 왜 그랬지?

문제 제기 12:
이성은 감지될 수 없는
것인가?(텍스트 p.150)
문제 제기 8,11 **빅토르** 엄마를 기쁘게 해드리려구. 억지로 먹어야 한다고 생각했어. 밖에서 이미 먹었다고 말씀드리고 싶지 않았거든. 효자 노릇 좀 해보려구 말야! 하지만 그게 좋은 생각이었는지는 잘 모르겠어. 나중엔 아팠거든. 아마 억지로 먹기보다는 내 위장 상태를 살폈어야 했는데. 결국 무엇보다도 감각에 귀를 기울여야 해, 그게 더 현실적이지. 감각은 이성보다 훨씬 더 믿을 만해, 이성은 좀 맹목적이거든.
→ 인용문 1,2

이 예를 자세히 분석하면 우리는 이성이 아니라 감성을 믿게 된다.

엘로이즈 그런데 잘 차린 음식을 먹는 누군가를 보면, 예전에는 뭐라고 생각했었니?

빅토르 좀 성급하게 상황을 파악했었지.

엘로이즈 다시 말해서?

빅 토 르 배가 고팠기 때문에 먹었다고 빨리 결론을 내렸던 거야.

☼ 판단 보류

적어도 잠시나마 즉각적인 결론을 유보하게 되어 이 가설을 연구하고, 그 타당성을 검토할 수 있다.

엘로이즈 배가 고프기 때문에 먹는다고 믿는 건 거짓일까?

빅 토 르 물론 아니지. 하지만 드물긴 해도 다른 이유들이 있을지도 모른다는 거야.

엘로이즈 드물다고 가능성이 없는 걸까?

문제 제기 8:
이성은 믿을 수 있는 것일까?(텍스트 p.145)
문제 제기 9,13

빅 토 르 아니, 사실이야. 하지만 있을지도 모르는 다른 이유들을 잊으려고 하지. 우리는 일상적으로 일어나는 것과 관련해서 늘 생각하니까. 우리에게 논리적으로 보이거나 그 즉각적으로 나타나는 것, 그래서 합리적인 것처럼 보이는 것을 이용해서 말이야. 뚜렷한 인상은 물러나지 않은 채 늘 우리의 관심을 끌지. 그래서 우리가 종종 옳다고 생각하는 거라구. → 인용문 3,4

☼ 조작 개념의 도입

'일상적' 혹은 '뚜렷한'이란 개념들이 어떻게 이성이 행동을 멈추고 '옳은 상태'가 되는가를 설명해 준다.

엘로이즈 지금 네가 한 게 뭐지?

빅 토 르 뭘 물어보는 건지 모르겠는걸.

엘로이즈 나한테 뭘 물었느냐구?

빅 토 르 아니, 아무것도 묻지 않았어.

엘로이즈 명령하지 않았니?

빅 토 르 아니, 전혀.

엘로이즈 그럼 뭘 한 거야?

빅 토 르 그저 설명했을 뿐인데. 왜 가능성이 아주 희박하다는 이유로 사람들이 다른 가능성을 잊는지를, 왜 종종 옳다고 생각하는지를 말한 거라구.

엘로이즈 어떻게 설명했는데?

문제 제기 14:
이성은 정신으로 이루어진 구조물 같은 것인가?
(텍스트 p.151)
문제 제기 1

빅 토 르 자기가 한 말을 정당화하려고 항상 설명하는 것과 마찬가지지, 뭐. 이유를 찾아내면서 말야. 그렇기 때문에 대화는 사고를 진척시키기 위한 유리한 방법이야. 자기 생각을 정당화하기 위해서 앞으로 나아가는 이유를 대야 하니까. → 인용문 5,6

엘로이즈 그렇게 하면 뭘 얻을 수 있는데?

빅 토 르 당연히 이유(raison)지. 이유를 대는 것 말고 설명할 수 있는 다른 방법이 있니? 난 모르겠는걸.

엘로이즈 네가 지금 한 말이 뭔지 알아?

빅 토 르 raison(이유).

엘로이즈 'avoir raison(옳다)'에서처럼?

빅 토 르 그렇게 생각하고 싶다면 그럴 수도 있지.

엘로이즈 어째서?

빅 토 르 같은 말이잖아. 하지만 사실은 똑같은 뜻은 아니야. 여기에서는 뭔가를 설명하기 위한 뜻으로 raison(이유)이라는 말을 쓰고 있어. 추론(argument)이란 말과 약간 비슷하지. 옳다(avoir raison)는 것을 입증하기 위해서에 나오는 raison과는 좀 달라.

엘로이즈 뭐가 다른데?

빅 토 르 '옳다'고 말할 때 그건 어떤 태도나 확실성을 말하지만, '이유를 대다'에서는 증거를 대다라는 뜻이니까.

☀ 조작 개념의 도입

'이유(raison)'라는 말의 새로운 개념이 나타난다. 증거라는 뜻이다.

엘로이즈 이런 이유들은 어디서 오는데?

빅 토 르 우리의 정신이지. 우리는 이 이유들을 만들어.

엘로이즈 그럼, 이 이유들은 어디에서 오는데?

빅 토 르 그야 우리의 상상력이지!

엘로이즈 우리의 상상력이라구?

빅 토 르 잠깐! 넌 조금 전과 똑같이 공격하고 있잖아.
사람들은 분석을 하고 추론하지만 이런 건 상상하고는 아
무 상관이 없다구.

엘로이즈 하지만 이유들을 만들어야 한다고 말한 건
너야.

빅 토 르 그래, 그런 면이 있지. 하지만 그건 상상력보
다는 이성에 더 가까워. 상상력은 이성과 반대라구. → 인
용문 7

문제 제기 15:
상상력은 이성과 양립
할 수 없는가?(텍스트 p.
152)
문제 제기 1,14
❶ 문제 제기의 난점

상상력을 이성의 도구로 생각했다가 이번에는 이성에 반대
되는 것으로 생각하고 있다. 하나의 문제 제기를 여기에 연결
시키기 위한 역설을 쓰지도 않으면서 말이다.

엘로이즈 잠깐!

빅 토 르 왜?

엘로이즈 네가 방금 한 말이 뭐였지?

빅 토 르 이성. 근데 왜?

엘로이즈 지금은 앞에서랑 똑같은 뜻인 거야?

빅 토 르 이 모든 뜻은 이어졌어. 확실해, 그렇지 않다
면 똑같은 말을 쓰지 않겠지.

● 합(合)의 착각 서로 다른 요소들이 서로 연결되어 있다는 사실을 말하는 것
만으로는 충분치 않다. 관계의 성격과 연결된 요소들간의 차이
점을 뚜렷이 부각시키는 것이 중요하다.

엘로이즈 뭐가 연결되어 있는데?

빅 토 르 이성(raison)이라는 말의 서로 다른 뜻이지. 그
것들은 서로 연결되어 있어. 조금 전에 말했잖아.

● 독단적인 확신 하나의 개념을 명확히 하거나 정당화하지 않고 곧바로 받아
들이고 있다.

엘로이즈 말만 듣고 널 믿을 수 있을까?

빅 토 르 그렇다고 말하잖아. 원한다면 날 믿으라구!

엘로이즈 나를 설득하려면 넌 뭘 해야 할까?

빅 토 르 널 설득하고 싶은 맘 없어. 그저 말하는 것뿐
이야, 그게 전부라구. 이제 네가 무엇 때문에 기분이 좋아
졌는지 생각해 봐! 어떤 식으로든, 뭘 하든, 누구나 자기가
원하는 것만 믿지. → 인용문 8

엘로이즈 그럼 토론은 거기에서 끝나는 거야?

빅 토 르 나한테 뭘 기대하는지 통 모르겠다.

엘로이즈 모든 뜻이 서로 이어졌다고 주장했잖아. 그럼
설명을 해야지.

빅 토 르 내 설명이 좀 성급했던 건 사실이야. 하지만 사
실 나는 모든 의미들을 감당하기가 좀 불편해지기 시작했어.

엘로이즈 단지 그것들을 요약하기 위해서 말이지.

빅 토 르 맞아. 그러니까 우리가 '옳다'고 할 때는 앞에
서 말한 것처럼 어떤 태도, 확실한 감정이야. 그 다음에 우
리가 '이유를 댄다'고 할 땐, 어떤 설명을 하거나 어떤 일

문제 제기 2:
이성이 신념의 체계를
이룰 수 있을까?(텍스트
p.138)
문제 제기 4

이 왜 일어났는가를 말한다는 뜻이야. 하지만 세번째 뜻은 훨씬 힘들어.

엘로이즈 그래도 한번 해봐.

빅 토 르 그건 '옳다'는 뜻도, '이유를 댄다'는 뜻도 아닌 '이성'이란 뜻이야. 사실 그건 아주 쉬워. 마치 정신의 기능인 상상력 같아. 그러니까 이성은 상상하는 기능 대신 추론을 하는 기능일 거야. 자, 이 모든 걸 다 요약하는 문장을 만들어 볼게. 이성(raison)은 우리가 옳다(d'avoir raison)는 이유(raison)를 준다. 어때? → 인용문 9

문제 제기 1:
이성을 추론으로 요약할 수 있을까?(텍스트 p. 137)
문제 제기 14

☼ 사고의 완성

'이성'이란 말의 이 세 가지 뜻이 명확해지고 구별되었다. 특히 이 세 가지 뜻을 연결시켜 주는 문장에서 말이다.

엘로이즈 그럼 이제 말해 봐. 어떤 사물의 온도를 아는데 이성이 필요해?

빅 토 르 아니, 아무 상관이 없지! 너두 잘 알잖아.

엘로이즈 어째서?

빅 토 르 그게 뜨거우면 우리는 뜨겁다는 걸 잘 알지, 아니 오히려 뜨겁다는 걸 느낀다고 해야겠지. 그걸 알기 위해 다른 걸 할 필요는 없다구. 우리는 가만히 있다가 정보를 받으면 돼. 그게 전부라구. → 인용문 10,11

문제 제기 16:
지각하는 것은 단순히 수동적인 행위일까?(텍스트 p.153)
문제 제기 6,17

☼ 조작 개념의 도입

'가만히 있(으면서 당하)다(subir)'는 말을 씀으로써 감각을 수동적이고도 즉각적인 행동처럼 규정하고 있다.

엘로이즈 정보란 게 그렇게 믿을 만한 거야?

빅 토 르 잘못 알 가능성이야 늘 있지. 또 어떤 물건이 뜨거울 거라고 상상하지만 착각일 수도 있구. 이를테면 신기루 같은 거 말야. 신기루에는 있지도 않은 것들이 보이잖아.

☼ 비판적인 입장

감각(능력)의 확실성과 즉각성에 대해 반대-가설이 두드러지고 있다. 감각은 믿을 수 없는 것으로, 신기루가 그 확실한 증거라는 식으로 말이다.

☼ 분석된 실례

신기루를 예로 들어 설명하고 있다. 있지도 않은 것을 보기 때문에 감각은 의심스러운 것이다.

엘로이즈 온도를 알려면 뭐가 필요한데?

빅 토 르 만져 보면 돼.

엘로이즈 하지만 우리에게 온도를 알려 주는 게 상상력이 아니라면 이성인가?

빅 토 르 아니, 그거하고는 아무 상관이 없어.

엘로이즈 하지만 내가 어떤 차가 오랫동안 달려왔다고 너한테 말하면 넌 그 자동차가 뜨겁다고 말할 수 있어? 그 차를 만져 보지도 않고, 그 차에 가까이 가보지도 않고서 말야.

빅 토 르 그럼, 그럴지도 몰라. 하지만 나 혼자서는 알 수 없어.

엘로이즈 하지만 난 너한테 그 차가 뜨겁다고 말하지 않았어.

문제 제기 9:
이성을 논리로 환원할 수 있을까?(텍스트 p. 146)
문제 제기 14

빅 토 르 맞아, 그랬지. 결론을 내린 건 바로 나야. 하지만 그 차가 오랫동안 달려왔다고 말한 건 너고, 난 그로 인해 생기는 결론을 끌어낸 거지. 사물의 현실에 근거를 두고 있는 추론(raisonnement)을 통해서 말야. 그건 내가 지어낼 수 없는 거라구. 하지만 내 추론이 틀릴 수는 있어. 난 그 차가 오랫동안 달려왔는지, 충분한 시간이 지나 다시 식었는지 모르니까. → 인용문 12,13

엘로이즈 그럼 네가 하고픈 건 뭔데?

빅 토 르 차를 만져 보고 싶겠지. 그게 뜨거운지 안 뜨거운지 알기 위해.

엘로이즈 그렇게 하면 더 확실할 것 같아?

빅 토 르 나에게는 감각으로 알 수 있는 게 사물에 대한 관념보다 더 확실한 것 같아. 이성이 그 속에 포함되지 않는다 해도, 그거야말로 생생한 현실이니까. → 인용문 14,15

문제 제기 18:
이성이 감각을 통한 지각을 바꾸는가?(텍스트 p.156)
문제 제기 10

❶ 단순화시킨 사고

감각(능력)을 믿기 위해 선택한 아주 분명한 해결책이 감각과 이성 사이의 문제의 쟁점을 포착하지 못하고 있다. 이러한 편파성으로 인해 감각과 상반되는 것으로 언급되는 추론은 한쪽으로 밀려난다. 바로 이러한 점에서 문제 제기가 분명해지지 않는다.

엘로이즈 다시 말하면?

빅 토 르 그 즉시 알게 된다는 거야. 생각할 필요도 없이 즉각적으로 말야. 게다가 골똘히 생각한다고 바뀌는 건 아무것도 없어. 그렇기 때문에 감각은 생각보다 훨씬 현실적이지. 우리는 온갖 종류의 건축물을 만들지 못해. 이성 속에서 모든 걸 망치는 게 그거거든. 즉각적인 게 아니니까. 감각이 이성의 오류를 바로잡는 건 참 다행이야. → 인용문 16

문제 제기 13:
이성은 그 자체로 충분한가?
문제 제기 8,10,14

✿ 조작 개념의 도입

'즉각성'이라는 개념을 통해 이성과 감각을 구분할 수 있다.

엘로이즈 그럼 시각적 환상은 어떻게 되는 거야?

빅 토 르 그건 제대로 보지 못하는 거지. 그 현상은 아주 잘 알려져 있는데.

엘로이즈 하지만 그게 환상이라는 걸 알고 있는 것, 또 그 현상을 설명하는 것, 그게 눈이야?

빅 토 르 아니, 그건 눈이 아니라 정신이지. 이성이라구. 아마 눈은 보기 위해 거기에 있는 거구, 이성은 의심하고 분석하고 비판하기 위해 있는 걸 거야. 사실 그것들은 서로 보완적이겠지.

엘로이즈 보완적이라구, 하지만 그것들이 늘 그렇게 서로에 대해 잘 알고 있을까?

빅 토 르 보완적이라는 건 사실이야, 그나마 낙관적인 걸. 왜냐하면 그것들은 종종 일치하지 않거든. 이성과 감각이 보완적이면서도 서로 모순적인 관계를 맺는다고 고쳐야겠지. → 인용문 17,18

문제 제기 11:
이성과 감각을 대립적인 것으로 보아야 할까?
(텍스트 p.148)
문제 제기 7

❶ 문제 제기의 난점

이성과 감각이 '보완적이면서 모순적인 관계를 맺는다'고 말하는 것으로 충분치는 않다. 이 변증법적 관계의 메커니즘을 설명해야 한다.

❗ 합(合)의 착각

그 관계가 아주 모호하다면 이 두 생각을 나란히 둔다고 이들의 관계를 충분히 알 수 있는 것은 아니다.

철학자들의 반응

→ 인용문의 번호는 대화를 가리킨다.

1. "감각을 상대로 사람들이 자신을 무장하기 위해 쓰는 모든 추론은 헛된 웅변술에 불과하다."(루크레티우스, 《사물의 본성에 관하여》, 기원전 1세기)

2. "하지만 청각·시각·고통·쾌락 그 어느것도 영혼에 문제를 일으키지 않을 때에만 영혼은 제대로 추론한다. 하지만 반대로 영혼이 육체에게서 분리될 때 영혼은 아주 철저하게 고립된다(…)."(플라톤, 《파이돈 *Phaedon*》, 기원전 4세기)

3. "첫번째[원칙]는 내가 어떠어떠하다는 것을 확실하게 알고 있는 경우를 제외하고는 어떠한 것도 결코 참이라 여기지 않는 것이다. 다시 말해 성급함과 선입견을 조심스럽게 피해야 하는 것이다(…)."(데카르트, 《방법서설》, 1637)

4. "성급하게 판단을 내리지 않는 것, 쉽게 속아 넘어가지 않는 것이 합리적인 사람의 덕목이다."(마르쿠스 아우렐리우스, 《명상록 *Pensées*》, 서기 2세기)

5. "(…) 논쟁은 종종 양쪽 모두에게 이롭다. 논쟁으로 인해 자기들이 고집하는 생각을 바로잡을 수 있고, 새로운 견해를 얻을 수 있기 때문이다."(쇼펜하우어, 《항상 옳을 수 있는 기술》)(사후 출판), 1864)

6. "자기들이 매우 현명한 사람이 되었다고 믿고, 그들만이 사물들이나 추론 중에서 건강하고 견고한 것은 아무것도 없다는 사실을 깨닫는 이들은 분명 특히 시간의 전부를 논쟁하느라 보내는 사람들이다."(플라톤, 《파이돈》, 기원전 4세기)

7. "이성의 적인 이 놀라운 능력[상상력]은 이성을 통제하고 지배하면서 만족감을 느낀다(…)."(파스칼, 《팡세》(사후 출판), 1670)

8. "우리는 사물을 믿을 수밖에 없는 조건 속에 있기 때문에 사물을 믿는다. 우리가 다른 부당한 이유들 때문에 믿게 된 것에서 부당한 이유들을 찾아내는 것, 그것이 철학이다."(헉슬리, 《멋진 신세계 *Brave New World*》, 1931)

9. "이성은 '사물의 이유를 포착하는 기술'이다."(쿠르노, 《유물론, 생기론, 합리론 *Matérialisme, vitalisme, rationalisme*》, 1875)

10. "(…) 그들은[인간들은] 서로 다르게 지각하는 집합체 혹은 집단과 다르지 않다. 이러한 지각은 상상할 수 없이 빠른 속도로 일어나고 밀물처럼 밀려오며 끊임없이 움직인다."(흄, 《인성론 *A Treatise of Human Nature*》, 1740)

11. "지금까지 모든 철학자들의 유물론의 주된 결함은 (…) 대상·현실·감각 세계를 인간의 구체적인 활동, 실제적인 것으로 포착하지 않고 객체나 직관의 형태로만, 그것도 주관적으로 포착했다는 점이다."(마르크스, 《포이어바흐에 대한 첫번째 테제 *Première thèse sur Feuerbach*》, 1845)

12. "논리는 자신의 이성을 사물들에 대한 인식에 이르도록 안내하는 기술이다."(아르노와 니콜, 《논리 혹은 잘 생각하기 위한 기술, 일명 포르루아얄의 논리 *La logique ou l'art de bien penser, dite Logique de Port-Royal*》, 1662)

13. "원인과 결과라는 개념은 경험에서 파생된다. 지속적으로 결합하는 어떤 대상들을 우리에게 보여 주면서, 그 대상들을 원인과 결과라는 관계 속에서 직시하는 습관을 우리에게 일으키는 경험 말이다. 즉 이것은 분명한 강요가 아니라면 우리가 이 대상들을 다른 관계로 직시할 수 없는 관계이다."(흄, 《인성론》, 1740)

14. "(…) 감각의 여러 대상 가운데 어떤 것들은 정신으로 하여금 전혀 검토하지 않게 한다. 감각만으로 충분히 판단을 내릴 수 있기 때문이다. 반면에 다른 어떤 대상들은 끊임없이 정신으로 하여금 검토하게 하는데, 감각이 일체의 건전함을 제공하지 않기 때문이다."(플라톤, 《공화국 *République*》, 기원전 4세기)

15. "우리가 신체에서 끌어오는 개념들은 눈에 보이는 신체

의 성질보다는 우리 몸의 구성을 가리킨다."(스피노자, 《윤리학》(사후 출판), 1677)

16. "일반적으로 오류는 정신이 사실에 대해 내리는 판단의 결실이다. 이때의 판단이란 우리로 하여금 우리의 감각 기관이 우리에게 아무것도 보여 주지 않는다는 사실을 깨닫게 한다."(루크레티우스, 《사물의 본성에 관하여》, 기원전 1세기)

17. "(…) 과학에는 느낄 수 있는 것이 없다."(플라톤, 《공화국》, 기원전 4세기)

18. "그러므로 옛날에 우리의 어떠한 인식도 우리의 경험을 앞서지 않았고, 모든 인식은 경험과 함께 시작된다. 하지만 우리의 모든 인식이 경험과 함께 시작된다 해도, 이는 우리의 인식이 모두 경험에서 파생된다는 뜻은 아니다."(칸트, 《순수이성비판》, 1781)

요약

느낄 수 있고, 보다 즉각적이며 수동적인 여건들로 인해 귀납을 통한 합리적 추론을 할 수 있다. 여기에서 이 귀납적 추론의 논리적 타당성은 연역법의 추론만큼이나 불확실하다. 우리로 하여금 감각의 오류가 때로는 이성 자신의 환상일지도 모른다는 의심을 일으키게 하는 것이다. 그렇다면 이성은 인위적으로 만들어 낸 산물에 불과한 걸까?

옳다(avoir raison)에서 이성(raison)으로 이동함으로써 이성의 매우 논증적인 활동이 얼마나 중요한가가 부각된다. 우리는 이성이라는 말에서 세 가지 중요한 개념을 구별할 수 있다. 1) 이성은 우리가 성찰하고, 생각하고, 따질 수 있도록 하는 기능이다. 2) 이성은 행동의 모티프, 어떤 개념의 증명, 혹은 어떤 사실의 원인이다. 3) '이성'은 결국

'옳다'에서 모습을 드러낸다. '옳다'는 것은 확실하다는 느낌과 진리 사이의 일치──더 나아가 충분한 문제 제기──를 가리킨다.

개념 도구들

귀납법(Induction): 특정 사실에서 일반적인 진술로, 결과에서 원리로, 심지어는 결과에서 원인으로 나아가는 추론법. 연역법의 반대말.

연역법(Déduction): 하나 혹은 여러 개의 일반적인 전제에서 새로운 일반적 전제, 또는 특정한 전제로 나아가는 추론법. 원인에서 결과로, 원리에서 결론으로 나아감.

상상력(Imagination): 그 대상이 없는데도 대상들을 느낄 수 있도록 하는, 혹은 대상과 사건, 관계를 지어내는 정신의 기능.

수용성(Réceptivité): 뚜렷한 인상으로부터 영향을 받아 수용하게 되는 정신의 자질을 특징적으로 나타내기 위해 칸트가 도입한 용어. 수동성과 같은 말.

즉각성(Spontanéité): 물리적 성질, 정신적 혹은 지적 성질이 될 수도 있는 외부 간섭 없이 자기 스스로 만들어 내는 능력. 자주 무의지적인(involontaire) 혹은 무의식적인(irréfléchi)과 같은 뜻으로 쓰임.

경험적(Empirique): 이성이 아니라 경험, 즉 우리를 둘러싼 외부 여건에서 생기는 것. 이해하기 위해 반드시 추론화를 거칠 필요가 없는 즉각적인 여건이다.

합리적(Rationnel): 오로지 이성에서만 생기는 것으로 외부 여건과 별개이거나 동시에 일어난다. 이는 이성의 통제나 중재하에서 작동한다. 논리와 같은 말.

확실성(Certitude): 진리에 대한 정신의 강하고 확고한 지지. 합리적이거나 경험적인 다양한 모티프 위에서 세워진다. 확실한 것으로 지지되는 명제를 가리킬 수도 있다.

증거(Évidence): 정신의 지지를 즉각적으로 이끌거나 끌어내야 하는 명제.

3 자유의 요소, 이성

엘로이즈 우리는 뭔가를 어떻게 알게 되지?

빅 토 르 참 괴상한 질문이구나. 무슨 뜻인지 모르겠어.

엘로이즈 어떤 방식으로 우리가 깨달은 바를 아냐구.

빅 토 르 그때까지 우리가 말한 게 참이라면, 우리는 우리의 감각과 이성에 따라 깨달은 거야.

엘로이즈 맨 처음엔 어떤 것이 왔는데?

빅 토 르 이미 대답했잖아. 그것들이 서로 보완적이라고 말했을 텐데. 난 사람들이 둘 중에 어느쪽 없이는 나머지에 대해 말할 수 없다고 생각해.

엘로이즈 정말 그 둘이 서로 떨어질 수 없는 거니?

빅 토 르 물론이지.

엘로이즈 그것들이 때로는 같은 일을 해?

빅 토 르 물론 아니지!

❶ 성급함 | 대답이 너무 빠르다. 질문을 깊이 생각하지 않는다. 입장이 너무 분명하면 사고가 진행되지 못한 채 그대로 멈추고 만다.

엘로이즈 그걸 구분하는 게 뭔데?

빅 토 르 그래도 지각하는 것(percevoir)과 추론하는 것(raisonner)은 달라.

엘로이즈 어떻게 그 둘이 그렇게 확연히 구분되는데도 나누어질 수 없지?

빅 토 르 나눈다는 말은 맘에 안 드는데. '나누다(séparer)'라는 말을 쓰면 결코 합칠 수 없다고 생각하게 되니까.

지각하는 것과 추론하는 것을 나눌 수는 없어. 이 둘은 늘 함께 일어나거든, 동시에 말이야. 하지만 이 둘을 구분할 수는 있지.

엘로이즈 나누다(séparer)와 구분하다(distinguer)의 차이점이 뭔데?

빅 토 르 됐어! 억지 쓰지 마. 그 차이가 없다고 치자. 물론 정말로 그렇다고 생각하는 건 아니지만.

❗ 일치성 상실

대답이 그때그때마다 달라지고 있다. 본질적인 문제를 제기해 보려 하지도 않고 말이다. 반론도 다루어지지 않는다.

엘로이즈 좋을 대로. 그럼, 지각과 추론은 어떻게 구별되는데?

빅 토 르 봐, 조금 전에 한 가지 구별법을 제시했잖아.

엘로이즈 뭐였더라?

빅 토 르 지각한다는 건 즉각적이고, 추론한다는 건 성찰하는 거야. 즉각적이지 않지. 생각은 즉각적일 수가 없거든. 만일 즉각적이라면 그건 직관이지. 이성과는 다른 거라구.

✿ 있을 수 없는 것을 생각하기

✿ 조작 개념의 도입

사유(la pensée)를 감각의 즉각성과 상반되는 것으로 정의하고 있다. 하지만 사유는 직관 덕택에 즉각적인 것이 되기도 한다.

직관이라는 개념을 통해 우리는 즉각적인 사고를 이해할 수 있다.

엘로이즈 직관은 이성보다 믿음직하지 않은 건 아닐까?

빅 토 르 모르겠어. 직관이 이성보다는 덜 인위적인 것이라는 사실은 분명할 거야. 어쨌든 직관은 우리에게 이성

문제 제기 19:
자신의 직관을 믿는 게

합리적인가?(텍스트 p. 157)

❶ 잘못된 명증

문제 제기 20:
이성이 감각적 경험에서
생기나?(텍스트 p.159)

문제 제기 17:
우리는 감각의 노예인
가?(텍스트 p.154)
문제 제기 18

❶ 문제 제기의 난점

이 줄 수 없는 정보들을 줘. → 인용문 1,2

왜 직관이 이성보다 덜 인위적인지 모른다.

엘로이즈 왜 그게 덜 인위적이지?

빅 토 르 훨씬 더 즉각적이니까. 그건 정신의 구조물이 아니야. 마음에서 오는 거라구, 더 솔직하지.

엘로이즈 그럼 솔직한 게 진실의 기준이란 말야?

빅 토 르 꼭 그런 건 아니지만 적어도 정직함에 대해서는 그렇지.

엘로이즈 그게 같은 말이야?

빅 토 르 꼭 그런 건 아니야, 사실 매우 정직하더라도 착각할 수는 있으니까.

엘로이즈 이성과 지각으로 다시 돌아가 보자. 지각하지 않고서 추론할 수 있다고 생각해?

빅 토 르 그럴 때 나라면 무엇을 근거로 추론할지 모르겠어. 물론 생각할 대상이 되는 뭔가가 필요하겠지. 그렇지 않다면 내가 어디에서 출발해서, 어떻게 내 추론을 작동시킬 수 있겠어? → 인용문 3,4

엘로이즈 알겠어. 근데 추론 없이 지각할 수 있니?

빅 토 르 마찬가지로 그럴 수 없지. 내가 뭔가를 지각할 때 나는 곧 생각하기 시작하니까. 둘 중에 하나가 없으면 나머지를 할 수 없다는 말이야. 그렇다면 내가 지각하는 모든 것이 내가 생각하는 것으로부터 영향을 받는다는 결론에 이르는 거야? → 인용문 5

이성과 감각 중 하나가 없다면, 나머지도 작용할 수 없다면 문제 제기란 이 둘의 관계가 어떤 성격인가를 설명하기 위해 연결될 필요가 있을 것이다.

엘로이즈 갑자기 더 이상 생각할 수 없거나, 고통스러운 대상에 완전히 몰두할 수 없을 정도로 제대로 해내지 못하는 일이 한번도 없었니?

빅 토 르 있었지, 벌써 그런 적이 있었지. 하지만 내가 서툴러서 그런 거야.

엘로이즈 그게 지각이 아닐까?

빅 토 르 맞아, 그럴 거야. 서툴다는 것, 그건 더 이상 사물을 지각할 수 없고 고통만 지각해. 사건과 외부 대상들이 우리 안에 일으키는 고통 말야. 난 그걸 내적인 지각이라고 부르겠어. → 인용문 6,7

문제 제기 21:
감각 능력은 사물 혹은
육체의 어떤 자질인가?
(텍스트 p.160)

✿ 조작 개념의 도입

'내적 지각'이란 개념으로 우리는 외부의 대상에만 일치하지 않는 지각의 어려움을 해결할 수 있고, 감각 능력 안에 있는 대상 자체와 그것이 일으키는 감각이라는 두 요소를 구분할 수 있다.

엘로이즈 네가 몰입했던 어떤 물건을 본 적이 없니? 그래서 시간이 좀 지나 긴장이 풀려 생각났을 때 깨닫게 된 적은 없어?

빅 토 르 있지, 하지만 내가 그걸 알았을 때엔 다른 걸 생각했기 때문이야. 그건 자주 일어나는 일이 아니지. 보통 다른 사람들이 그런 것처럼, 나도 당연히 내게 보이는 것들에 대해 생각해.

엘로이즈 네가 사람들이 많은 도시에서 살고 있다면, 주변에 있는 모든 사람들을 보게 돼. 그럼 그들 각자에 대해 생각해?

빅 토 르 그들 각자에 대해 생각해야 한다면 아마 미치고 말걸!

엘로이즈 너한테 들리는 모든 소음에 대해서 생각해야 한다면?

빅 토 르 마찬가지지. 다행히 우리는 귀에 들리는 걸 걸러내.

엘로이즈 그럼 어떤 결론에 도달하게 되는 거야?

문제 제기 22:
이성은 자유를 이루는
요소인가?(텍스트 p.162)
문제 제기 8

빅 토 르 사실 지각하는 모든 것을 생각하지 않는 편이 더 낫겠지. 그리고 어떤 것들에 대해서만 집중하는 게 사실이구. 내가 실제로 지각하게 되는 것들에 대해서만 말이야. 우리의 감각에 관해 우리가 상대적으로 자유로운 건 아마 그 때문일 거야. 의식과 의지·자유같이 이성과 함께 작용하는 것들 덕택에 우리는 우리가 지각하는 것을 더 잘 골라낼 수 있는 거야. → 인용문 8,9

☼ 분석된 실례

여기에 나온 사례들은 적절하게 분석되었고, 감각과 사고 사이의 관계에 대한 새로운 명제를 명확하게 해준다.

☼ 조작 개념의 도입

반론을 제기하자 감각과 이성 간의 관계 속에 개입하는 자유라는 개념이 출현한다.

엘로이즈 그럼 이성 혹은 사유와 지각은 분리된 두 개의 활동일까?

빅 토 르 아니, 그래도 난 어떤 사물들을 지각한 후에 그것을 생각하니까.

엘로이즈 하지만 다른 어떤 것들은 거기에 대해 생각해보지도 않았지만 지각되기도 하던데?

문제 제기 16:
지각하는 것은 단순히

빅 토 르 맞아, 하지만 내 무의식은 그래도 영향을 받아! 원하든 원치 않든 우리의 정신은 반드시 영향을 받게 되

3. 자유의 요소, 이성 53

수동적인 행위일까?(텍
스트 p.153)
문제 제기 17

☼ 조작 개념의 도입

❶ 다(多)개념

문제 제기 23:
이성이 무의식적일 수
있는가?(텍스트 p.163)
문제 제기 8,13

❶ 무력화시키는
불확실성

어 있다구, 이성이 끼어들지 않는다고 해도 말이야. → 인
용문 10

'무의식'이라는 개념을 통해 이성이 다루지 않는 지각들을
생각하게 된다. 그것은 이성을 거치지 않고 정신에 영향을 주
는 것으로 정의된다.
'무의식'이라는 개념이 더 명확하게 설명되어야 함에도 불
구하고 확실한 것처럼 소개된다.

엘로이즈 무의식에 대해 말할 때 이성과는 아무 상관이
없는 거야?
빅 토 르 사실은 잘 모르겠어. 난 상관 있다고 말했는
데 이제 와서 보니 갑자기 의문이 생기거든.
엘로이즈 그래도 구분을 해야지, 가능하다면 말야.
빅 토 르 지금이 더 힘드네. 무의식 속에서 무슨 일이 일
어나는지 정확하게 모르니까 말야. 그런 게 무의식이겠지!
엘로이즈 이성에 대해서도 똑같이 말할 수 있다고 생각
해?
빅 토 르 추론할 때 무슨 일이 일어나는지를 다 알 수
는 없어. 무의식 역시 우리의 추론 과정 위에서 행해지지.
그래서 추론 과정을 망치고. 이 모든 건 너무 주관적이고
모호해. 그래서 네 질문에 대답할 수도 없어. → 인용문 11

이성과 무의식 사이의 관계에 대한 어려운 선택 앞에 놓인 이
러한 사유 과정이 갑자기 멈춘다. 문제의 여건들을 검토하거나
위험을 무릅쓰고 판단을 완성해야 할 것이다. 결정은 언제가
될지 모르는 미래로 미루고 말이다.

엘로이즈 어떤 걸 알기 위해 네가 추론했다는 건 어떻게

아는데?

빅 토 르 보통 그렇잖아, 설명할 수 있으니까.

엘로이즈 어떻게 일어나는지 모르는 추론 과정을 상상할 수 있어?

문제 제기 19:
자신의 직관을 믿는 것이 합리적인가?(텍스트 p.157)
문제 제기 23

빅 토 르 가끔 난 내가 어떻게 했는지 기억나지 않을 때가 있어. 하지만 한참 생각해 보면 내가 당연히 추론해야 했던 부분을 알게 되지. 그렇다고 뭐 대단한 게 있는 것도 아니야. 그저 단순한 직관이지. 그리고 이 직관은 종종 옳아. → 인용문 12

엘로이즈 하지만 추론 과정이 일어난다는 건 어떻게 증명해?

빅 토 르 맞아, 그게 추론이 되려면 추론 과정이 어떻게 일어났는지를 설명할 수 있어야 돼.

엘로이즈 이 설명이 무의식에 속하는 걸까?

빅 토 르 아니, 오히려 의식에 속하지.

엘로이즈 그럼 지각은 꼭 의식적인 거야?

빅 토 르 아니, 거기에는 우리가 절대로 알 수 없는 잠재의식적 지각이 있어. 심지어는 그걸 알아보지도 못하지.

엘로이즈 넌 이 문제 제기를 어떻게 확신해?

문제 제기 6:
감각을 통한 지각만으로 충분히 알 수 있을까?
문제 제기 11,23

빅 토 르 의식은 늘 이성에 필요하지만, 우리가 지각하는 것이나 일반적인 사고에는 필요치 않아. 감각에 대해 말하자면, 감각에 대해 깨닫기 위해서는 오히려 우리가 지각하는 것을 파악해야 해. 그건 마치 우리가 그 개념들을 모두 다 알지는 못하지만 우리 안에 수많은 개념이 있는 경우와 같아. 하지만 우리가 지각하거나 생각하는 모든 것은 그래도 무의식을 부분적으로나마 표시해. 그렇기 때문에 자유의 특징에 이성이 있는 거지. 이성은 심사숙고하면서 움직이니까. → 인용문 13

모범적인
문제 제기

이성과 감성은 의식·무의식·자유와 관련된 것으로 정의
된다. 이러한 사실을 통해 우리는 이것들 각각의 기능을 구별
할 수 있다.

엘로이즈 이성과 감성을 구별하는 다른 기준이 있을까?

빅 토 르 아니, 그렇게 생각하지 않아. 의식 말고는 아
무것도 없어. 그리고 더군다나 그것만으로 완전히 구분되
는 것도 아니야. 직관 역시 이성이라고 생각하니까. 그게
어떻게 생기는지 모르더라도 말야.

엘로이즈 무엇 때문에 우리는 어떤 특정한 사물에 대해
생각하는 걸까?

빅 토 르 바로 그거야, 아직 수수께끼가 남았어! 그건
아주 많은 요소들에 달려 있어.

상대적인 것의
불명확함

'아주 많은 요소들'에는 어떠한 뜻도 없고, 어떠한 것을 입
증하지도 않는다. 최소한 분석할 수 있는 몇 가지 사례를 제
시해야 한다.

엘로이즈 요소들이 많다면 하나만 대봐, 그럼 더 잘 알
테니!

빅 토 르 고르기가 너무 어려운데.

엘로이즈 뭘 해야 하는데?

빅 토 르 골라야지.

엘로이즈 그럼 어서 해봐!

빅 토 르 알았다구! 우리가 골똘히 생각하게 될 것쯤이
야 고를 수는 있지.

엘로이즈 근데 우리는 어떤 조건에서 선택할 수 있을까?

빅 토 르 그때 우리가 자유에 대해 토론했던 일이 생각

난다. 선택의 자유가 필요하지.

　엘로이즈　이 자유만 있으면 추론할 수 있는 거야?

　빅 토 르　아니, 의지도 필요해. 생각해야 할 주제를 고르고 거기에 몰두하려면 말야.

　엘로이즈　그럼 지각에는 뭐가 필요하지?

　빅 토 르　내가 지각하는 걸 받아들여, 그건 내 앞에서 일어나는 일이니까. 그래도 수동적이라는 인상은 버릴 수가 없어. 추론하기 위해서 능동적이어야 하는데 말야. 그리고 능동적이기 위해서는 자유로워야 하고, 의지가 있어야 해.

문제 제기 24:
추론과 행동은 대립하는가?(텍스트 p.164)
문제 제기 6,11,22

☼ 조작 개념의 도입

능동적/수동적이라는 모순의 도입으로 인해 이성과 감성을 구별할 수 있다.

　엘로이즈　예를 들어 만져 보려면, 넌 움직이고 이동할 수도 있지.

　빅 토 르　그래, 하지만 비슷하진 않아. 그 자체로 만지기 위해서가 아니라 만지기 위해 움직이는 거니까. 행동은 만지기 전에 일어나는 거야.

　엘로이즈　그럼 추론을 하려면?

　빅 토 르　끝까지 하려는 의지가 필요하지. 내가 뭔가에 집중할 때, 나는 다른 걸 생각하거나 내 주변에서 일어나는 모든 걸 보고 싶어져. 주변에 사람들이 많을 때 공부하지 못하는 건 바로 그런 이유야.

　엘로이즈　다른 건 없어?

　빅 토 르　있지, 전에 했었던 생각을 잊고 있었어.

　엘로이즈　어떤 건데?

　빅 토 르　지각이 즉각적이라는 거. 이성이 작동하기까지는 시간이 걸리는데 말야. 게다가 이런 이유로 아마 지각하는 것보다는 추론하는 게 훨씬 힘들지도 몰라.

엘로이즈 이 모든 걸 종합할 수 있겠니?

빅 토 르 감각이라는 영역에 속하는 게 더 즉각적이고, 더 수동적이며, 덜 자유롭고, 더 수월하다고 말할 수 있겠지. 이성이 시간이 걸려 구축되고, 더 복잡하고 행동과 의지를 요구하지만 그와 동시에 훨씬 자유로운 반면에 말야. → 인용문 14

문제 제기 11:
이성과 감각을 대립적인 것으로 보아야 하나? (텍스트 p.148)
문제 제기 16,22,24

✿ 모범적인 문제 제기

두 가지의 인식 방법에 있는 결정, 이점과 불편함을 통해서 이제 이성과 감성을 구분할 수 있는 모든 요소들을 알게 되었다.

엘로이즈 다른 건?

빅 토 르 이성은 내부의 것들을 분석하는 반면에, 마치 지각은 외부에 남아 있는 것처럼 지각하는 대상보다는 성찰하는 대상을 훨씬 더 잘 안다고 덧붙일 수도 있겠지.

엘로이즈 네가 만일 초록색을 잘 알고 있다면 거기에 어떤 기운이 도는지 알 수 있을 거라고 말하고 싶은 거야?

빅 토 르 넌 항상 날 궁지로 몰아넣고 싶지! 네 그 고약한 이성으로 여전히 날 골려 줬다고 생각하는구나, 넌 승승장구라고 믿으면서 말야. → 인용문 15,16

문제 제기 8:
이성은 믿을 수 있는 것일까?(텍스트 p.145)
문제 제기 6,11

철학자들의 반응

→ 인용문의 번호는 대화를 가리킨다.

1. "근본 원리들의 즉각적인 결과인 명제는 서로 다른 시각을 통해 어떨 때는 직관으로, 어떨 때는 연역적 방식으로 명백해진다. 그리고 이 근본 원리들로 말하자면, 그것들은 단지 직관을 통해서만 인식된다."(데카르트, 《영혼의 방향을 정하기

위한 법》(사후 출판), 1701)

2. "그러므로 직관과 개념, 이런 것들은 우리의 인식 과정을 이루는 요소들이다. 그 결과 어떤 식으로든 개념에 일치하는 직관이 없는 개념들, 또 개념 없는 직관들은 지식을 전할 수가 없다."(칸트, 《순수이성비판》, 1781)

3. "감각이 우리를 오류로 이끈다면 감각에 의해 만들어진 이성은 이 감각과 반대쪽으로 우리를 이끌 수 있을까?"(루크레티우스, 《사물의 본성에 관하여》, 기원전 1세기)

4. "사람들은 철학자들이 받아들인 이 공리를 내세우면서 나를 반박할 것이다. 그것이 절대로 감각에서 비롯된 영혼 속에 있지 않다고 말이다. 하지만 그 영혼 자체와 이 영혼의 감정들은 제외해야 한다(…)."(라이프니츠, 《인간의 이해에 대한 새로운 에세이 *Nouveaux Essais sur l'entendement humain*》, 1704)

5. "우리는 한꺼번에 수많은 사물들을 생각하면서도 가장 눈에 띄는 생각들만 경계한다는 점을 생각해야 한다. 사물은 다른 방법으로 진행될 수 없을 것이다. 모든 것을 경계했기 때문에 우리가 온전히 느끼는, 또한 우리의 감각에 인상을 남기는 사물들의 무한함을 조심스럽게 생각해야 할 것이다."(라이프니츠, 《인간의 이해에 대한 새로운 에세이》, 1704)

6. "인간의 육체가 외부 세계로부터 영향을 받는 각각의 방식들에 대한 생각은 인간 육체의 성질과 외부 세계의 성질을 둘 다 감추고 있는 것이 분명하다."(스피노자, 《윤리학》(사후 출판), 1677)

7. "우리 내부에서 어떤 열정을 일으키는 대상은, 우리가 그

대상을 생각할 때 어떤 식으로든 그 안에 우리 내면을 감시하는 무엇인가를 감추고 있는 듯하다. 감각으로 감지되는 대상들이 그 안에 자신의 모습을 통해 우리를 자극하는 감각을 감추고 있는 것처럼 보이는 것과 마찬가지이다."(말브랑슈, 《진리를 향한 추구》, 1674)

8. "인간이 아닌 다른 동물들은 오로지 본성의 제국에 굴복한다. (…) 인간만이 습관과 본성을 이성과 결합시킨다. 오로지 그만이 이성을 지녔기 때문이다."(아리스토텔레스, 《시학 Poetica》, 기원전 4세기)

9. "영혼은 서로 다른 지각이 차례로 등장하고, 지나가고, 다시 지나가고, 흘러가고, 끝없는 상황과 위치 속으로 뒤섞이는 연극 같은 것이다."(흄, 《인성론》, 1740)

10. "(…) 매순간 우리 안에는 끝없는 지각 작용이 일어난다. 하지만 그걸 알아보지도 못하고, 생각해 보지도 않는다. 다시 말해 그것은 우리가 알아보지도 못하는 똑같은 영혼 속에서의 변화일 뿐이다. 왜냐하면 인상은 아주 사소하거나 너무 그 가짓수가 많거나, 아니면 너무 긴밀하게 결합되어 있기 때문이다 (…)."(라이프니츠, 《인간의 이해에 대한 새로운 에세이》, 1704)

11. "기하학은 자신들의 상상력에 뒤섞인 이미지에서가 아니라 이성의 명확한 개념에서만 지식을 얻는다."(말브랑슈, 《형이상학과 종교에 관한 대화들 Entretiens sur la métaphysique et sur la religion》, 1688)

12. "감성과 본능을 잘 알고 있는 바탕에서만 이성이 든든한 버팀목이 되고, 이성이 자신의 모든 담화들의 기초가 되어야 한다."(파스칼, 《팡세》(사후 출판), 1670)

13. "가장 개인적이고 일상적인 경험은, 그 기원도 모른 채 우리에게 든 생각들과 그 구상이 우리 안에 감춰져 있는 생각의 결과를 제시한다."(프로이트, 《초심리학 *Métapsychologie*》, 1915)

14. "자유로운 인간, 다시 말해 이성의 명령만을 따라 살아가는 사람(⋯)."(스피노자, 《윤리학》(사후 출판), 1677)

15. "이성은 보편적인 방식으로 세상에 관심을 갖는다. 왜냐하면 확실히 이성은 이 세상 안에서 독특한 모습을 갖고 있기 때문이고, 또 분명 세상의 모습은 합리적이기 때문이다. 이성은 자기 안에 자신과 다른 어떠한 것도 없다는 사실을 잘 알면서 또 다른 이성을 찾는다. 또 이성은 자신만의 무한함을 추구한다."(헤겔, 《정신현상학 *Phänomenologie des Geistes*》, 1807)

16. "인간의 이성은 그의 지식 일부에서 어떤 질문들은 피할 수 없이 이성이 거기에 짓눌린다는 독특한 조건에 굴복한다. 이 질문들은 인간의 본성에 의해 인간에게 암시되지만 해결할 수 없을 것이다. 그것은 인간의 한계를 넘어서는 일이기 때문이다."(칸트, 《순수이성비판》, 1781)

요 약

우리는 인식의 두 가지 원천인 감각과 이성을 확인할 수 있다. 이것들은 서로 다르면서도 뗄 수 없는 관계처럼 보인다. 다르다는 것은 이것들이 근본적인 측면으로는 서로 반대되기 때문이다. 즉 감각은 대상을 즉각적으로 포착하는 반면, 이성은 매개물을 통해 간접적으로 대상을 포착한다. 하지만 그러면서도 서로 뗄 수 없는 관계이기도 하다. 순수한 지각――어떠한 합리화도, 어떠한 사고도 개입되지 않는 감각――이 무엇인가를 이해하는 것만큼이나 순수한 이성——주어진 대상이 없는 합리화——이 과연 무엇인가를 이해하기도 매우 어렵기 때문이다. 예를 들어 주의를 기울인다는 것은, 때로는 어떻게 우리가 원하는 것만을 지각하는가를 우리에게 보여 준다. 자발적이고 의식적이며, 그리하여 자유롭다는 측면을 통해 이성은 직관과 감각과도 구분된다.

이성적 구분(Distiction de raison)-실제적 구분(Distinction réelle): 구분이란 정신이 두 용어를 나누고, 차이를 만들거나 대립시키는 작용을 말한다. 우리가 분리된 용어를 마치 서로 다른 두 개의 사물처럼 생각한다면 실질적 구분이라고 부른다. 우리가 서로 다른 두 현실을 지칭하지 않는 두 개념이나 두 개의 낱말을 구별하려고 한다면 이성적 구분에 대해 말하는 것이다. 예를 들어 나폴레옹과 루이 16세는 실제적 구분이다. 아우스터리츠의 정복자이고 워털루에서 패한 장군은 이성적 구분이다. 왜냐하면 나폴레옹 한 사람을 지칭하니까⋯⋯.

주의(Attention): 실제로 없는 대상을 의식 안으로 끌어오거나 한 대상을 특별한 것으로 만드는 사고의 자발적인 노력을 말한다. 이러한 사고가 없다면 그 대상은 계속 알려지지 않을 것이다.

직관(Intuition): 추론화라는 매개 작용을 거치지 않고 사고를 통해 대상을 직접적으로 포착하는 것이다. 그 대상이 물건일 경우 우리는 감각적 직관이라 하고, 그것이 어떤 개념일 때에는 지적인 직관이라 한다.

우회적(Discursif): 인식의 상태에 이르기 위해 사고가 중재 역할을 하는 일련의 합리화를 거쳐야 할 때, 우리는 우회적 지식을 가진 사고라고 말한다.

의식(Conscience): 사유가 스스로, 혹은 외부의 대상에 대해 갖는 즉각적인 직관을 말한다. 도덕적 의미로 말하자면 인간 행위들의 가치에 대한 즉각적인 감정이나 성찰된 판단을 뜻한다.

성찰(Réflexion): 구체성에 대한 전적인 지지로부터 거리를 두면서 사유가 제자리나 자신의 행위로 돌아오게 되는 지적인 작용을 말한다. 일시적 과정을 뜻한다.

직접적인(Immédiat): 두 용어간의 관계로, 하나가 주어지면 다른 하나도 나타나게 된다. 이 둘을 연결시키기 위해 '중재자'나 '방법적 용어'로 일컬어지는 제3의 용어를 끌어오지 않아도 되는 상태이다. 일상어에는 이런 개념의 한시적 의미만이 남아 있다. 즉 하나가 나타나면 시간이 개입하기를 기다릴 필요도 없이 금방 나타나는 것이다.

4 이성의 자율성

빅 토 르 지나번 토론 끝에 네가 한 마지막 질문을 생각해 봤어.

엘로이즈 뭐였더라?

빅 토 르 이성이 감각적 지각을 대신할 수 있는가에 대해서 말야.

엘로이즈 그래서 뭐라고 대답하고 싶어?

빅 토 르 이 두 가지에는 서로 상관 있는 게 아무것도 없다는 생각이 들었어. 이것들은 너무 달라서 비교할 수도 없는 거지.

엘로이즈 어째서 둘이 아무 상관이 없는 거지?

빅 토 르 기름과 물을 섞는 것과 같으니까. 그건 불가능해. 이 둘은 전혀 다르거든. 그렇기 때문에 이 두 가지에 서로 상관 있는 게 아무것도 없다고 말한 거야. → 인용문 1

문제 제기 11:
이성과 감각을 대립적인 것으로 보아야 할까?
(텍스트 p.148)
문제 제기 20
❶ 단순화시킨 사고

이미 끝나 버린 연구에 대해, 이 새로운 입장은 경직된 것처럼 보이고 거의 논리적이지도 않아 보인다.

엘로이즈 하지만 너는 이 둘이 서로 뗄 수 없는 관계라고 주장했잖아!

빅 토 르 그랬지, 하지만 그후 우리는 연구하고 생각했어. 그리고 나는 그게 그리 멀리 가지도 않은 채 완결된 견해였다는 걸 잘 알게 되었지. 매번 내가 문제를 발견하는 건 아니야. 모든 사람들이 그렇잖아.

❶ 수적인 변명

많은 사람들이 특정한 방법으로 행동한다는 사실이 이러한 행동을 결코 정당화시켜 주지 않는다.

엘로이즈 그렇다고 치자. 그리고 지금 넌 이 둘이 서로 상관 없다고 결정하고 있어.

빅 토 르 그래도 나는 내 입장을 약간은 조절하려고 해. 이 둘이 전혀 다르다고 말하게 될 테지만 이 둘에는 어떤 관련이 있다고 말하겠어. 이 둘 다가 우리가 알고 있는 바와 우리가 생각하는 바를 구성하니까 말야.

엘로이즈 하지만 이 둘이 그렇게 다르다면 어떻게 함께 작용할 수 있지?

빅 토 르 드라이버와 나사는 아주 달라. 하지만 이 둘은 같이 작용하지.

엘로이즈 그렇다면 말해 봐, 이 두 가지가 구성하는 것에는 공통되는 게 아무것도 없잖아?

빅 토 르 대단한 건 없어. 그 둘이 물질이고 둘 다 단단하다는 사실을 빼면, 나사에 드라이버를 끼울 수 있는 홈이 있으니까. 글쎄, 모르겠다.

❗ 설명되지 않은 예

이 예는 사실 분석할 수 없다. 방금 전에 제시된 이 두 물체를 결합하는 요소에 대해서는 오히려 무지하다. 하지만 이 둘의 기능은 같다.

엘로이즈 이미 충분하지 않니?

빅 토 르 원한다면 그렇지. 그건 어떻게 평가하느냐의 문제야.

엘로이즈 지우개나 어떤 개념을 드라이버 대신 쓸 수 있을까?

빅 토 르 우리는 철학을 하는 거지 조각붙이기를 하는 게 아냐. 당연히 아니지!

❗성급함 　이 논쟁을 끝까지 생각하지 않고 대답을 너무 즉각적으로 하는데다 충분히 숙고하지 않고 있다. 이러한 대답으로는 자기 혼자만의 확신이 어떤 결과를 가져올지 모른다.

엘로이즈　그럼 나사와 드라이버가 작동하기 위해서는 이 둘이 충분히 공통점을 가질 필요는 없는 거야?

빅 토 르　하지만 텔레비전에서 한 화가가 나와서 하는 말을 들은 적이 있어. 그는 잘 보기 위해서 예술가는 그만 생각해야 한다고 설명하더군. 난 그 남자가 자기가 무슨 말을 하는지 알아야 한다고 생각해. 그게 그의 직업이니까! 그는 생각하는 일이 시각을 방해한다고 설명했지.

❗사회 통념 　전문가의 주장——권위적인 추론——이 확실한 증거가 되지는 않는다. 그런 주장은 어떤 개념을 지지하거나 제시할 수는 있지만, 거기에는 여전히 정당화의 여지가 남으니까…….

❗일치성 상실 　드라이버에 대한 생각을 끝까지 밀고 가지 않았다. 하지만 이 대화에서 다른 논증이 시작되고 있다. 어떻게 그렇게 되었는가에 대해서는 전혀 설명하지 않고 말이다. 분명히 어려움을 어렴풋이 드러내면서 그것을 다루지 않으려는 속셈이다.

엘로이즈　어째서?

빅 토 르　그건 내가 이미 알고 있는 누군가를 보는 것과 같아.

❗설명되지 않은 예 　이 예가 앞에서 나온 개념을 설명하는 방식은 분명하지 않다. 말하는 사람은 늘 상상하지만 듣는 사람에게는 자신의 의도를 정확하게 표현해야 한다.

엘로이즈　말하자면?

빅 토 르　사실 나는 더 이상은 모르겠어. 내가 이 사람에 대해 많은 사실을 알고 있고 내가 그 사람을 좋아하기 때문에, 아니면 싫어하기 때문에 온갖 개념들이나 감정들은 내가 그 사람을 제대로 보는 걸 방해하지. 내가 그 사람을 보는 순간에 그 사람처럼 말야.

엘로이즈　이 예에서 네가 끌어낸 일반적인 결론은 뭐니?

빅 토 르　우리가 생각한 것이 우리가 지각하는 것에 영향을 미친다는 거야. 우리의 지각은 결코 중성적일 수가 없다구. → 인용문 2

문제 제기 18:
이성이 감각을 통한 지각을 바꾸는가?(텍스트 p.156)
문제 제기 11,16

✿ 분석된 실례

이 예의 용도가 명확해졌다. 생각이 지각에 어떻게 영향을 주는가 보이는 것이 바로 그것이다.

엘로이즈　이 생각이 너한테 중요한 것 같아?

빅 토 르　물론이지!

엘로이즈　그 반대도 역시 맞다고 생각해?

빅 토 르　글쎄, 아니! 반대면 뭐가 되지?

엘로이즈　반대 명제를 만들어 봐.

빅 토 르　왜?

엘로이즈　그냥 시험삼아.

빅 토 르　많은데.

엘로이즈　전에 추론한다는 건 고르는 거라며, 그럼 계속해 봐, 추론하고 위험을 감수하라구!

빅 토 르　알았어, 해야 한다면 그러지. 우리가 감지한 것이 우리가 생각하는 것에 영향을 준다고 할게.

엘로이즈　그 말이 중요하니?

빅 토 르　그야 물론이지! 아주 중요해! 이렇게 말할 수

문제 제기 20:
이성이 감각적 경험에서 생기는가?(텍스트 p. 159)

✿ 있을 수 없는 것을 생각하기

도 있지: 생각하는 모든 것은 감지하는 것에서 온다. → 인용문 3,4

첫번째 생각은 '생각이 지각에 영향을 준다'는 확신이었다. 그리고 처음에 있던 저항에도 불구하고 개념상으로 입증해 보겠다는 단순한 생각 때문에 '지각이 생각에 영향을 준다'라는 뒤바뀐 명제가 결국 제시된다. 일단 만들어진 두번째 명제는 첫번째 명제와 마찬가지로 결국 믿을 만한 것처럼 보인다.

엘로이즈 그럼 이성은 전적으로 감각에 달린 걸까?

빅 토 르 우리가 어디에서 정보들을 끌어오게 되는지는 모르겠어.

엘로이즈 이성을 이루는 게 정보일까?

빅 토 르 처음부터 정보가 없다면 어떻게 우리가 추론할 수 있겠어?

엘로이즈 그럼 이성은 정보의 나열인 걸까?

빅 토 르 정보의 나열? 아니, 그렇지 않아. 정보와 이성이 같은 건 아냐. 처음에는 이성이 필요하지만 그 다음에는 관계를 세워야 해, 연결시켜야 한다구. 우리가 관계를 선택하기 위해서는 전에 내가 말했던 것처럼 우리는 자유로워야 하지.

엘로이즈 그 관계를 뭐라고 부르는데?

문제 제기 9:
이성을 논리로 환원할 수 있을까?(텍스트 p. 146)
문제 제기 11,20

✿ 비판적인 입장

빅 토 르 그것으로 인해 생각들이 함께 만들어지고, 우리는 그걸 인과성(cohérent), 논리라고 불러. 관계는 개념들 간의 끈이야. 나는 그게 이성을 이룬다고 생각해. 그런데 그건 감각에서 생기지는 않지. → 인용문 5,6

사유가 정보를 공급하는 지각에서 온다고 확신한 후, 관계라는 개념 덕택에 반대 개념이 제시되었다. 빅토르는 일반적인 개념과 같은 형식을 세운다. 그러나 그것은 지각에는 비본질적인 형식이다.

☼ 조작 개념의 도입

관계라는 개념을 통해 감각 기능과는 다른 사고 기능의 특수성을 이해할 수 있다.

엘로이즈 말하자면?

빅 토 르 장미 한 송이와 그 향기를 예로 들게. 내가 냄새를 맡으면, 장미가 있다는 걸 알게 되지.

엘로이즈 어떻게 그걸 설명할 수 있는데?

빅 토 르 장미는 향기를 뿜잖아, 수많은 꽃들처럼.

엘로이즈 그것들 사이의 관계에는 어떤 성질이 있지?

빅 토 르 모르겠어.

엘로이즈 남편과 아내 사이의 관계와 같은 걸까?

빅 토 르 질문치고는 좀 이상한데.

❗ 성급함

내용을 심사숙고하기 전에 너무 빨리 개념을 포기하지 않는 게 좋겠다.

❗ 설명되지 않은 예

항상 비교와 유추 가능성을 발견하려고 애쓰는 것이 좋겠다. 비록 관계의 성격이 즉각적으로 나타나지 않더라도 말이다. 여기에서는 통합 관계와 인과 관계를 구별해야 한다.

엘로이즈 초록색과 파란색 같은 관계일까?

빅 토 르 그게 좀더 낫겠어. 네가 내게 무엇을 물었는지 알겠어. 그러니까 장미가 향기의 원인이고, 향기는 그 결과라고 말할 수 있을 거야. 그러므로 관계는 원인과 결과가 되겠지. 네가 물어본 게 그거니?

☼ 분석된 실례

꽃과 향기의 관계가 원인과 결과로 확인되었다. 중요한 성질의 관계가 도입되었다. 즉 인과 관계의 원리, 혹은 원인과 결과의 원리가 그것이다.

엘로이즈 관계를 원인과 결과로 확인하는 일은 감각에서 생기는 걸까?

빅 토 르 우리가 알고 있는 모든 것은 감각에서 생겨. 관계 역시 감각에 의해 만들어지지. 꽃과 향기가 함께 온다는 걸 확인했잖아. 솔직히 말해서 이성이라는 것은 바로 객관화 작업이야. 원인과 결과는 어디에서든 볼 수 있잖아.
→ 인용문 7,8

조금 전에는 관계가 지각보다 선행할 수 없다는 사실을 주장하더니, 지금은 그 반대 명제를 확신하고 있다. 이러한 갑작스런 변화를 강조하고 설명해야 한다는 생각도 없이 말이다.

엘로이즈 감각이 우리에게 정보를 준다면, 우주의 중력을 발견하는 데에는 왜 그토록 오랜 시간이 필요했을까? 예전보다 달이 더 잘 보이기 때문일까?

빅 토 르 거기에서 또 문제를 던지는구나. 사실 과학은 관찰만으로는 이루어질 수 없어. 그렇지 않다면 지능은 어떠한 지식에도 이르지 못할 테니까.

엘로이즈 그래서 결론은?

빅 토 르 내 머릿속을 가로지른 예가 하나 있어. 우리는 모두 똑같은 사실을 지각하지만 그렇다고 해서 모두 같은 결론을 끌어내지는 않아. 나와 내 동생만 해도 그래. 오래전부터 같이 지내왔고, 공통된 수많은 경험을 해왔지만 우리는 아주 다르게 생각하거든.

엘로이즈 그럼 이 예에서 넌 어떤 결론에 도달한 거야?

빅 토 르 사건들을 지각하는 것만으로, 또는 인식을 위

문제 제기 14:
이성은 정신으로 이루어진 구조물 같은 것인가?(텍스트 p.151)
문제 제기 6,10

❗ 일치성 상실

문제 제기 20:
이성이 감각적 경험에
서 생기는가?(텍스트 p.
159)
문제 제기 6,8,11

☼ 분석된 실례

해 경험하는 것만으로는 충분치 않다는 거, 그리고 우리를
둘러싸고 있는 것을 알기 위해서, 더 나아가 우리를 둘러
싸고 있는 것을 이해하기 위해서는 지능·이성 같은 것도
필요하다는 거. → 인용문 9

단 하나의 예: 형제간의 경험이 같더라도 생각은 다르다는 사
실에서 중요한 원칙을 끌어낼 수 있다. 즉 경험만으로는 생각
을 이해할 수 없다는 것이다.

엘로이즈 그럼 감각적 지각에 대해 넌 뭐라고 생각하는
데?

빅 토 르 이상하게도 우리가 아는 모든 것이나 이해하
는 모든 것을 확신할 수 없다는 생각이 들어. 하지만 그렇
게 함으로써 우리를 둘러싸고 있는 것에 대한 정보의 대부
분을 얻지. 그래도 여전히 문제는 남아. 정보에 대한 주된
원천을 믿을 수 없다는 거야. → 인용문 10

문제 제기 10:
현실이란 우리가 감각
을 통해 지각하는 것이
될 수 있는가?(텍스트 p.
147)
문제 제기 6,17

엘로이즈 그럼 우리의 이성은?

빅 토 르 바로 그걸 생각해 봤어.

엘로이즈 뭘?

빅 토 르 그 역시 더 이상 믿을 만한 것이 못된다는 거.
그건 분명해.

엘로이즈 그렇구나, 더 남았니?

빅 토 르 이성은 감각을 근거로 삼아. 거기에서 중요한
정보들이 생기니까 말야. 그러니까 우리는 이성을 더 이상
믿을 수 없어. 정보의 주된 원천이 믿을 만하지 않으니까.
인용문 11,12

문제 제기 13:
이성은 그 자체로 충분
한가?
문제 제기 8,20

☼ 사고의 완성

감각의 불완전함과 인식에 있어서 감각의 중요성이 일반 명

제 안에서 결합되고 있다. 이때의 일반 명제에서 사고에 대한 개념의 쟁점이 드러난다.

　　엘로이즈　이성이 믿을 만하지 않다면 그건 이성의 잘못일까?

　　빅 토 르　우리가 속는 건 감각 때문이야. 게다가 수많은 학자들이 바로 그렇다고 말해 왔구.

❶ 독단적인 확신

　　여기에서 필요한 것은 이성 자체의 불완전함과 그렇기 때문에 이성이 상대적으로 독자적이지 않다는 점을 문제삼는 것이다. 이성이 감각에 철저히 의존한다는 점을 거듭 확신하면서 이 질문을 거부하고 있다.

❶ 일치성 상실

　　앞에서 이성에게 자발적인 기능을 부여했던 사실을 잊고 있다. 그 사실을 전혀 모른다는 일은 있을 수 없고, 또 마치 전혀 그렇지 않다는 듯 말할 수도 없다.

　　엘로이즈　우리의 이성은 속지 않니?

　　빅 토 르　과장할 필요 없어. 그렇다고 말한 적은 없으니까.

　　엘로이즈　확신해?

　　빅 토 르　그럼, 내가 뭐라고 말했는지 알고 있으니까.

　　엘로이즈　뭐라고 말했는데?

　　빅 토 르　감각이 이성으로 하여금 실수하게 만든다고 했잖아.

　　엘로이즈　내가 네게 한 질문이 어떤 거였는지 생각나?

　　빅 토 르　물론이지! 넌 이성이 우리가 저지르는 실수에 책임이 있느냐고 물었어. 그리고 난 지각의 실수에 대해 말하면서 특이하게 대답했구. 그러자 넌 내가 한 말에서 이성은 속아 넘어가지 않는다는 사실을 확신할 수 있었지. 너랑 같이 있으면 나는 내 말에 조심해야 한다니깐.

엘로이즈 하지만 우리의 문제로 되돌아가 보자. 우리의 이성이 속아 넘어갈 수 있을까?

빅 토 르 물론이지, 그건 확실해!

엘로이즈 어째서?

빅 토 르 논리적 오류 때문이지. 예를 들면 내가 조금 전에 한 말, 그러니까 내가 한 말을 까맣게 잊고서 내가 자기 모순을 저지르는 경우가 있어. 나는 추론을 끝까지 밀고 나가지 못한 거지.

엘로이즈 하지만 이성이 논리일까?

빅 토 르 그렇다고 생각하는데. 다른 건 아닌 것 같아. 그리고 우리의 이성이 늘 논리를 따르지는 않지. 그렇기 때문에 실수를 하는 거구. → 인용문 13,14

엘로이즈 그럼 이성이 그 자체로 실수를 저지를 수 있다면, 어떤 결론에 이르게 되지?

빅 토 르 그야 당연하지!

엘로이즈 뭔데?

빅 토 르 금방 한 가지가 생각났어. 이성이 실수를 한다면 당연히 이성에 독립성 같은 거, 어떤 자립성이 있기 때문이야.

엘로이즈 그래서?

빅 토 르 그러니까 이성은 감각적 지각에 의존하지 않는다는 결론을 내리게 돼. 이성이 감각에서 생기는 오류를 포함해 감각에서 어떤 정보를 끌어낸다는 사실, 하지만 이성이 독특한 기능 장애와 더불어 자기 고유의 역할을 갖기도 한다는 사실에 이르게 돼. 마치 이성에만 속하는 논리처럼 말야. 이미 난 '순수 이성'이라는 표현을 이해했어. 그건 아마 (…) 중요한 건 감각에서 생기는 것과 이성에서

문제 제기 9:
이성을 논리로 환원할 수 있을까?(텍스트 p. 146)
문제 제기 8

생기는 것을 혼동하지 말아야 한다는 거지.

✿ 모범적인
문제 제기 이성과 감각은 각각 고유의 역할과 기능 장애 가능성을 지닌 채 의존과 독립의 관계를 맺으면서 동시에 작용한다.

철학자들의 반응

→ 인용문의 번호는 대화를 가리킨다.

1. "그런데 이런 [감각적인] 것들은 우리가 만지고, 보고, 다른 감각으로 포착할 수 있다. 반대로 늘 동일한 상태에 있는 것들은 정신의 추론화가 아닌 다른 방법으로는 포착할 수가 없다. 말하자면 눈에 보이지 않는 것, 시야를 벗어나 있는 것들 말이다."(플라톤, 《파이돈》, 기원전 4세기)

2. "우리는 선·악·양심과 정신의 다른 모든 상태를 무분별하게 우리 마음의 모든 상태의 요인이 되거나, 요인이 되는 것처럼 보이는 대상들의 탓으로 돌린다."(말브랑슈, 《진리를 향한 추구》, 1674)

3. "자연에 대한 우리 인식의 기원은 감각에 있다. 그러므로 우리의 인식은 감각이 이끄는 지점을 넘어설 수 없다."(토마스 아퀴나스, 《신학대전 *Summa Theologiae*》, 1266-1274)

4. "이등변삼각형을 증명한 최초의 사람은 엄청난 사실을 깨달았다. 도형의 어떤 특성을 알기 위해 자기가 도형에서 보았던 것, 심지어 자기가 그 도형에 대해 알고 있던 단순한 개념에도 몰두하지 말아야 했지만, 결국 자기 자신은 생각을 통해 들어갔고 선험적으로 구축했다는 사실을 확인한 것에 불과하다고 생각했기 때문이다."(칸트, 《순수이성비판》, 1787)

5. "인간의 지능은 이데아라고 부르는 것에 따라 실행되어야 한다. 다양한 감각 작용에서 통일성 쪽으로 나아가면서 말이다. 성찰한다는 것은 이러한 것들을 조합하는 일이다."(플라톤, 《파이돈》, 기원전 4세기)

6. "사실적인 것이나 참된 판단이라고 할 수 있는 참은 일치하는 것, 조화로운 것이다."(하이데거, 《진실의 본질에 대하여》, 1943)

7. "우리에게 원인과 결과를 가르쳐 주는 것은 이성이 아니라 경험이다."(흄, 《인간 이해력에 관한 철학 논고》, 1740)

8. "(…) 그것[이성]이 사용하는 원리는 경험의 한도 내에서 생긴다(…)."(칸트, 《순수이성비판》, 1781)

9. "여러 가지 사실에 대한 모든 추론화는 원인과 결과의 관계에 근거를 두는 것처럼 보인다. 이 유일한 관계를 이용해 우리는 확실한 기억과 감각을 넘어선다."(흄, 《인간 이해력에 관한 철학 논고》, 1748)

10. "가시적인 세계는 감옥으로 비유해야 한다."(플라톤, 《공화국》, 기원전 4세기)

11. "겉으로 드러나는 감각적인 물건들에 대한 우리의 관찰, 혹은 우리가 지각하고, 스스로가 깊이 성찰하는 우리 정신의 내면 작용에 대한 관찰은 모든 사유의 질료를 준다."(로크, 《인간의 이해력에 대한 에세이》, 1690)

12. "하지만 정신은 청각·시각·고통·쾌락 어떠한 것도 그 정신을 혼란스럽게 하지 않을 때보다 반대로 정신이 아주 철저하게 육체로부터 떨어져 있을 때, 현실을 포착하기 위해

현실과의 모든 교류와 접촉을 가능한 한 철저히 끊을 때 절대로 더 잘 추론하지 못한다."(플라톤, 《파이돈》, 기원전 4세기)

13. "기하학의 아주 단순한 자료를 다룰 때조차 추론 과정에서 혼동하는 사람들과 궤변이 있기 때문에, 나 역시 다른 어느 누구와 마찬가지로 내가 그럴 수 있었다고 판단하면서 예전에 내가 증명하기 위해 사용했던 모든 이성을 그릇된 것으로 여기고 거부했다."(데카르트, 《방법서설》, 1637)

14. "합리적인 것은 현실이고, 현실적인 것은 합리적이다." (헤겔, 《권리의 철학에 대한 원칙들》, 서문, 1821)

요 약

서로 다른 자질로 잘 알려져 있는 이성과 감각 이 둘의 관계, 이 둘 사이의 분절을 생각해야 한다. 여기에는 이 둘의 차이와 다양한 충돌에도 불구하고 우리가 이 둘에 공통으로 있는 것을 발견하게 될 것이라는 점을 가정하고 있다. 우리는 우선 상호적으로 작용한다는 생각, 서로가 서로에게 인과 관계를 이룬다는 생각 속에서 어떤 관계를 발견해 보려고 한다. 경험적인 생각이 주도적인 것처럼 보인다. 즉 이성은 감각에서 파생되어 이성의 오류나 능력은 감각에 달려 있는 참을 발견하느냐 그렇지 않느냐에 따라 달라진다. 여기에서 이성이 자발적일 수 있는가 하는 문제가 제기된다. 하지만 이성이 보편적인 논리나 추론이 그런 것처럼 자기가 지닌 독특한 기능 속에서 오류를 범할 수 있다는 사실에서 우리는 이러한 자발성을 확신할 수 있다.

동일성(Identité): 동일한 자질, 어떤 다른 것으로도 구별되지 않는 자질을 말한다. 동일성의 원칙: 논리적 공리에 따르면 동일한 사물, 특히 논리적 용어나 명제는 증명 과정 내내 자기 자신과 동일한 채로 고정되어야 한다.

차이(Différence): 서로 다른 특징을 가진 두 요소를 구별시켜 주는 특수한 특징을 말한다.

대립(Opposition): 서로 마주하는 두 용어의 상태를 말한다. 제기된 항이 다른 항을 보완적인 것, 혹은 반대되는 것이라고 부르는 관계이다. 행동, 사상이나 사람에 대한 저항을 뜻하기도 한다.

원인(Cause): 논리적으로나 시간적으로 다른 사물, 즉 결과라는 이름의 산물에 앞선다. 원칙이나 근거이다.

경험주의(Empirisme): 다른 가능성은 철저히 배제하여 인식은 경험의 산물에서 생긴다는 철학적 강령이나 원칙이다. 이러한 방식으로 행해지는 방법을 가리키기도 한다.

합리주의(Rationalisme): 인식의 도구와 행동의 수단인 이성과 추론화에 우위를 두는 철학적 강령이나 원칙.

오류(Erreur): 거짓을 참 혹은 그 반대로 제기하면서 판단이나 신념이 현실에 일치하지 않을 때를 말한다. 논리나 현실에 어긋나는 것을 말한다.

거짓말(Mensonge): 큰소리로 거짓말하는 사람에 의해 알려진 거짓 발언.

실수(Faute): 도덕적 규칙 혹은 지적 분야의 규칙을 위반하는 것으로, 판단이나 신념 단계에서가 아니라 실천 과정에서 일어나는 경우를 말한다.

5 이성과 열정

빅 토 르 조금 전의 내 화가를 다시 생각해 봤어.

엘로이즈 뭐에 대해서?

빅 토 르 그는 이성에 대해 아주 비판적이었지. 우리가 살고 있는 사회가 이성을 남용한다고, 이 사회는 이성에 갇혀 있다고도 말하더군. 말하자면 눈과 마음에 더 이상 귀기울이지 않는다고 설명했어. 더군다나 이성은 지극히 제한적이니까 말야. 이성은 아름다움 같은 건 이해할 수도 없다는 거지. 게다가 이성은 자기가 이해하지 못하는 모든 것을 고발하고 비판한다고 하던데. → 인용문 1,2

엘로이즈 넌 뭐라고 생각하는데?

빅 토 르 그 사람만 그렇게 말한 게 아냐. 많은 사람들이 비슷하게 생각해.

문제 제기 25:
이성 없이도 아름다움을 포착할 수 있을까?
(텍스트 p.166)
문제 제기 8,19,26

❶ 사회 통념

그런 식으로 생각하는 사람들이 많다고 해서 논거가 되지는 않을 것이다.

엘로이즈 그렇구나!

빅 토 르 그래! 날 비웃겠지! 넌 사람들의 생각이 어떤지 알아보려고 하기보다는 내가 무슨 생각을 하는지가 궁금할 거야.

엘로이즈 저런!

빅 토 르 나는 중학교 때부터 우리가 공부한 코르네유의 《르 시드》에 대해 생각해 봤어. 그처럼 행동하는 것이 이성적일까?

엘로이즈 그렇게 말하면 네가 말하는 뜻을 내가 단번에 다 안다고 생각하니? 기적처럼?

빅 토 르 알았어, 설명할게. 명예를 위해서든, 전통을 위해서든 그가 아버지에게 복수를 한다고 쳐봐. 그러면 그는 사랑하는 연인 쉬멘을 잃어. 만일 아버지에게 복수를 하지 않으면 그는 쉬멘을 지키게 돼. 나는 그의 결정은 잘못된 거라고 생각해.

❶ 설명되지 않은 예

서술의 몇 가지 요소들을 말한다고 한 가지 예에서 작용하는 쟁점을 다 이해할 수는 없다. 문제의 쟁점을 명확히 해야 한다.

엘로이즈 아직도 잘 모르겠는걸.

문제 제기 26:
이성과 열정 간의 갈등에 대해 이야기할 수 있을까?
문제 제기 4

빅 토 르 좋아! 세번째다! 로드리그는 괴로워. 이성은 그 다음이야. 그의 아버지가 말한 것처럼 명예와 전통에 대한 모든 추론화에 복종하느냐, 아니면 자신의 가슴에 귀를 기울이느냐 하는 갈등을 겪지. 그런데 그는 자신을 억누르고 사랑보다는 아버지의 말을 듣기로 해. 내 생각에는 아주 어리석은 짓이지만 말야. 과연 그게 더 나았을까? → 인용문 3,4

☀ 분석된 실례

이 이야기의 쟁점──이성과 열정의 대립──은 이미 앞에서 나왔다.

엘로이즈 그래서?

빅 토 르 난 그가 이성을 잘못 사용했다는 걸 말하는 거야.

엘로이즈 왜 그렇게 믿지?

빅 토 르 자기 자신에게 질문을 던져 보지 않으니까.

문제 제기 4:
권위적 추론은 이성에 일치하는가?(텍스트 P. 141)
문제 제기 1,5,14

엘로이즈 하지만 결정해야 할 선택 앞에서 그가 고민했다고 말했잖아.

빅 토 르 그래, 하지만 명예와 복수에 대해서지 전부에 대해서는 아니야. 아버지는 그에게 가문의 명예를 지켜야 한다고 가르쳤고, 그는 많은 질문을 스스로에게 던져 보지 않은 채 이 생각을 받아들여. 그건 합리적인 행동이 아니야. 합리적으로 행동하려면 상세히 검토해야 하거든. 우리를 안내하는 건 이성이지 복종과 어리석은 금지가 아니라구. 뭘 해야 할지 알려면 모든 것에 질문을 던져야 해. 의심해 봐야 한다구. → 인용문 5

엘로이즈 모든 것에 질문을 던질 수 있다고 생각해?

빅 토 르 애써 볼 수는 있지. 하지만 정말 가능한가? 좀 더 생각해 봐야겠는걸.

☼ 판단 보류

이성이 모든 것에 질문을 던질 수 있다는 가설을 검증하기 위해 믿음이 잠시 중단된다.

엘로이즈 그래서?

빅 토 르 사실을 말하자면 아닌 것 같아. 네가 옳아. 아마 우리가 말하고 생각하는 모든 것에 질문을 던질 수는 없을 것 같아. 또 거기서 빠져나오지도 못할 거야. 단숨에 몇 가지 사실을 받아들이고 그것들을 믿는 경우를 상상해 봤어. 안 그러면 우리는 지리 공부를 집어치우겠지. 공부해야 할 지형을 우리 눈으로 보지 않으니까.

☼ 비판적인 입장

어떠한 것도 저절로 받아들여지지 않는다는 일반적인 생각에 의문을 던진 후 수정을 한다. 하지만 가설은 처음과 마찬가지로 분명치 않다.

엘로이즈 어디에 문제가 있는 걸까?

빅 토 르 그래도 명예 이야기는 좀 웃겨. 요즘에는 모든 사람들이 그걸 알아.

❗ 사회 통념

오늘날 사람들이 다르게 생각하거나 그렇게 믿지 않는다고 어떤 입장이 타당하지 않은 건 아니다.

엘로이즈 좋아! 좀더 말해 봐.

빅 토 르 오늘날에는 아무도 명예 때문에 사람을 죽이지는 않는다구.

엘로이즈 그럼 뭐 때문에 죽이는데?

빅 토 르 아마 특히 권력이나 부 때문에는 그럴지도 모르지.

엘로이즈 무슨 차이가 있어?

빅 토 르 아무 차이가 없는지도 몰라. 사실 그건 어쩌면 시대와 지역의 문제일 거야. 합리적 추론이라는 건 문화에 따라 달라진다고 생각해. 그렇기 때문에 이성은 문화와 신념에 따라 달라지고, 합리적 추론을 경계해야 하는 거구.
→ 인용문 6

문제 제기 8:
이성은 믿을 수 있는 것일까?(텍스트 p.145)
문제 제기 2,3

엘로이즈 이성 자체가 달라지는 거야?

빅 토 르 그러고 보니 이성과 지각에 대한 조금 전의 문제가 생각나네!

엘로이즈 말해 봐.

빅 토 르 사실 이성은 지각에 토대를 두지만, 다른 지각에도 역시 토대를 두고 있어. 눈과 귀, 혹은 다른 감각의 지각 말고.

엘로이즈 모르겠는데.

빅 토 르 바로 신념이지!

엘로이즈　사실 맞기는 한데……

빅 토 르　들어 봐. 내 말은 감각들이 가끔씩 우리를 속인다고 해도 우리는 감각이 전해 주는 정보들을 받아들인다는 뜻이야. 지각하기 위해서 말야. 사유를 위해서도 마찬가지야. 이걸 내적 지각이라고 부를 수도 있어.

엘로이즈　사유를 위해서는 그게 어떻게 생기는데?

문제 제기 2:
이성이 신념의 체계를 이룰 수 있을까?(텍스트 p.138)
문제 제기 8,19

빅 토 르　우리가 믿는 것들이 있다고 쳐. 아주 분명하게 보이는 것들이지. 거기에 대해 깊이 생각해 보지 않아도 우리가 받아들이는 사실들 말야. 우리의 모든 추론 과정은 이런 믿음의 영향을 받지. 사실 더 철저히 하기 위해 우리가 제대로 추론하고 있는지 어떤지는 모르겠어. 사람들이 합리적으로 추론한다고 우길 때 보통은 자신의 신념을 정당화할 뿐 거기에서 벗어나지 않는 것 같아. 우리는 우리 안에 선험적으로(a priori) 자리잡고 있는 것을 생각하지. 그게 내가 내적 지각이라고 부르는 거야. 그것 때문에 우리는 모든 것에 의문을 제기하지 못하는 거구. → 인용문 7

☼ 사고의 완성

내적 지각이라는 개념이 분명해졌다. 거기에는 외관상 분명한 감각과 대립하는 내적 확실성이 작용한다.

엘로이즈　어째서?

빅 토 르　우리가 합리적으로 추론한다고 주장하지만, 사실 우리는 자기 맘에 드는 걸 하는 거야.

엘로이즈　르 시드처럼?

빅 토 르　또 세상 사람들처럼. 자기 맘에 드는 걸 하는 거지.

❶ 일치성 상실

르 시드에 대해 열정과 이성 간의 대립에 어긋날지도 모르는 다양한 개념들을 제기했다. 하지만 이 둘의 대립이 이러한 어긋남 때문은 아니다.

엘로이즈 내 생각에는 그가 가슴이 아니라 이성에 귀를 기울인 것 같은데?

빅 토 르 결국에는 그렇지. 그건 사소한 문제야!

엘로이즈 그래서?

빅 토 르 좋아, 계속해 보지. 사실 르 시드는 자기 맘에 드는 행동을 한 게 아니야. 그는 자기가 받은 교육에 따라서 행동하지. 도덕 따위에 따라서 말이야! 감정 대신 도덕을 따른 거야. 도덕은 합리적 추론과 마찬가지로 따라야 할 의무지만 감정은 자유야. 그래, 바로 그거라구. 이성은 우리에게 우리가 해야 한다고 생각하는 것들을 하라고 강요하는 반면, 우리의 가슴은 우리가 하고 싶은 것을 가리켜. 종종 욕망과 이성 사이, 자유와 의무 사이에서 두드러지게 나타나는 것이 바로 이러한 대립이지. → 인용문 8,9

문제 제기 26:
이성과 열정 간의 갈등에 대해 이야기할 수 있을까?
문제 제기 5,8,22

✿ 모범적인
문제 제기

열정과 이성 사이의 중요한 대립이 분명해졌다.

엘로이즈 그럼 네 화가는 어떻게 됐어?

빅 토 르 그 화가가 옳았지. 사람들이 자기 가슴에 귀를 기울이는 대신 지나치게 추론한다고 하는 그의 말에 나도 동의해. 자유로워지기 위해서는 이성보다는 자기의 욕구에 귀를 기울여야 해.

엘로이즈 그러면 합리적으로 따지는 법을 아직 모르는 아이들은 자유로운 거야?

빅 토 르 그렇다고 봐도 될걸?

엘로이즈 그래?

빅 토 르 네가 한 가지 사실을 지적했어. 선택을 잘하기 위해서 합리적으로 추론할 줄 아는 게 훨씬 낫다는 건 분명해. 하지만 행동하기 위해서 지나치게 추론하지 않는 편이 더 나을 때도 종종 있다는 생각이 들기도 해. 사람들은 이런저런 이유 때문에 아무것도 하지 않아. 사람들은 자기 자신에게 많은 제재를 가하고 온갖 이유를 끌어들이지. 결국 아무것도 하지 않기 위해서 말야. 우리 할머니가 바로 그 분야의 전문가지. 한참을 망설인 끝에 할머니는 절대 아무것도 하시지 못해. 그게 아주 자유로운 태도인 것 같진 않던데.

❶ 문제 제기의 난점

이성의 이점을 짧게나마 살펴보았다 하더라도, 이성에 반대되는 것으로 여겨지는 부분 때문에 이성과 열정, 자유와 실천에 관한 진정한 문제 제기가 분명해지지 않았다.

엘로이즈 그래서 어떻게 결론을 내렸니?

문제 제기 13:
이성은 그 자체로 충분한가?
문제 제기 8,19,22, 24

빅 토 르 이성이 어떤 자유를 준다고 말할 수는 있어. 판단과 실천을 위해 숙고해야 하니까 말야. 하지만 우리는 이성의 억제하는 측면 때문에 그 속에 갇히는 일이 종종 있지. 그러니까 자신의 감정에 귀를 기울이고, 자기 자신이 무엇에 직면해 있는가를 살펴보고 행동하는 편이 더 나을 때가 있다고 덧붙일 수 있을 거야. 게다가 그게 더 인간적인 것 같아. → 인용문 10,11

엘로이즈 이성의 어떤 점이 나쁜데?

빅 토 르 예를 하나 들어 볼게. 최근에 어떤 영화를 봤어. 한 비행 청소년이 화재 현장에서 아이들을 구하는 바람에 심한 부상을 입었지. 물론 친구들이 병원으로 자기를 찾아오자, 그는 조금만 깊이 생각했다면 절대로 그런 일을 하지 않았을 거라고 말했어. 왜냐하면 그 폭발을 당연히 가늠했을 것이고, 아주 위험하다고, 그러니 우선 자기부터 피해야겠다고 생각했을 테니까.

엘로이즈 너는 이성의 나쁜 점이 뭔지를 계속 말하지 않고 있어.

빅 토 르 그건 이기적이고 계산적이야. 그것밖에는 없어. 이성이 갖는 또 다른 문제는 합리적 추론 과정을 결코 끝낼 수 없다는 점, 그리고 항상 새로운 구실과 다른 논거를 찾아낼 수 있다는 거야. 그렇기 때문에 우리는 아무것도 하지 않는 거구.

엘로이즈 그럼 이성이 실천을 방해하는 건가?

문제 제기 19:
자신의 직관을 믿는 게 합리적인가?(텍스트 p. 157)
문제 제기 5,8,22

빅 토 르 그렇지, 이런 모든 경우 이성 때문에 우리는 해야 할 행동을 하지 못해. 그러니까 행동하려면 직관을 믿는 게 더 낫지. 게다가 영웅들은 결코 합리적이지 않은 것 같아. 즉 세상 사람들은 그런 영웅들에게 반대해, 그들이 옳더라도 말야. 영화나 소설 같은 데서 많이 나오잖아. → 인용문 12

❶ 단순화시킨 사고

이성에 대한 일방적인 비판이 이어지고 있다. 이성만의 선입견에 의문을 던져 보지도, 확인해 보지도 않고서 말이다.

엘로이즈 뭔가 더 덧붙이고픈 눈친데.

문제 제기 3:
이성은 보편적인가?(텍스트 p.140)
문제 제기 1,8

빅 토 르 그래, 그게 전부는 아니야. 이성으로 저지를 수 있는 가장 나쁜 점은 스스로가, 특히 다른 사람들에 대해 자기가 늘 옳다고 생각한다는 거야. 사람들은 누구에게나 자기만의 독특한 추론 방식과 거기에 맞는 신념이 있다는 사실을 너무 쉽게 잊기 때문이지. 그러니까 '난 이 요리가 더 좋아'라기보다는 '이 요리가 최고야'라고 말하는 거구. 단지 두세 가지 논거를 제기하기 때문에 말야. 그리고 난 후 사람들은 생각해야 할 바를 다른 사람들에게 말하고 싶어하는 거야. → 인용문 13

엘로이즈 버스를 탈 때 기사가 자기 생각대로 운전했으면 좋겠니, 아니면 승객들의 생각을 따랐으면 좋겠니? 아니면 그가 자유로이 제멋대로 갔으면 좋겠니?

빅 토 르 하지만 그건 사회의 경우야. 아마 많은 사람들이 모였을 때엔 이성이 더 유익할 거야.

엘로이즈 그럼 개인에게는 감정이고, 집단에게는 이성이 좋다는 거야?

빅 토 르 알았어, 아마 그렇게 간단한 문제일 수는 없겠지. 결국 이성과 감정은 어디에서나 필요하다는 사실을 이해하게 됐어. 아마 그건 비례의 문제일지도 몰라.

철학자들의 반응

→ 인용문의 번호는 대화를 가리킨다.

1. "아름다움이란 보편적으로, 또 어떤 개념의 작용 없이도 즐거움을 주는 것을 말한다."(칸트, 《판단력 비판 *Kritik der Urteilskraft*》, 1790)

2. "남용에는 두 가지가 있다. 이성을 철저히 배제하는 것, 그리고 이성만 허락하는 것이 그것이다."(파스칼, 《팡세》(사후 출판), 1670)

3. "냉정한 이성은 결코 어떠한 것도 채색하지 않는다. 그리고 우리는 한 열정과 다른 열정을 대립시킬 때에만 열정을 물리칠 수 있다."(루소, 《신엘로이즈 *Julie ou la Nouvelle Héloïse*》, 1761)

4. "열정이라는 성향은 우리가 거기에서 분명하고 확실한 개념을 끌어내는 순간 더 이상 열정이 아니다."(스피노자, 《윤리학》(사후 출판), 1677)

5. "각각의 질료에 대해 무엇이 이 질료를 의심스럽게 만들수 있는지, 그리고 무엇이 우리의 오해를 불러일으키는지를 성찰하는 동안, 나는 예전이라면 지나칠 수 있었던 온갖 오류들을 내 정신에서 추출했다."(데카르트, 《방법서설》, 1637)

6. "우리의 영혼에서 다음과 같은 생각 쪽으로 가지 말아야 한다. 즉 추론 과정에 건전한 것이 전혀 없는 경우가 있다는 생각이 그것이다. 이보다는 다른 생각을 택하자. 우리가 아직까지 건전하게 행동하지 않는다는 사실을 말이다."(플라톤, 《파이돈》, 기원전 4세기)

7. "자기애를 만드는 것은 이성이고, 그것을 강화시키는 것은 성찰이다. 인간이 자기 자신을 되돌아보게 되는 것도 성찰때문이다. 자신을 거북하게 만들고, 자신을 괴롭히는 모든 것으로부터 분리시키는 것 또한 성찰이다(…)."(루소, 《인간 불평등 기원론과 그 기초에 대한 서설 Discours sur l'origine et les fondements de l'inégalité parmi les hommes》, 1754)

8. "(…) 자신의 쾌락에 사로잡혀 진정으로 쓸모 있는 어떠한 것도 볼 수 없고 할 수 없다는 것이야말로 가장 지독한 노예상태로서, 자유는 자신의 완전한 동의하에 이성이 이끄는 대로 살고 있는 이에게만 있다."(스피노자, 《신학정치론 Tractatus Theologico-Politicus》, 1670)

9. "이성은 열정의 노예이고, 또 그럴 수밖에 없다. 이성은 열정을 섬기고 거기에 복종하는 것 이외의 다른 역할을 요구할 수 없다."(흄, 《인성론》, 1740)

10. "나는 감히 성찰은 자연을 거스르는 상태라고, 명상하는 인간은 비정상적인 동물이라고 거의 확신한다."(루소, 《인간 불평등 기원론과 그 기초에 대한 서설》, 1754)

11. "매번 우리가 중요한 행동을 하기까지, 우리가 수정시키는 요소들을 (…) 도입하게 되는 것은 단지 자연의 법칙을 알고 있기 때문이다. 그것들 자체로는 미약하지만, 어떤 경우 그것들은 모든 외부적 요인에서 생기는 결정적인 결과들을 만족스러운 것으로 바꾸기에 충분하다."(콩트, 《실증철학 강의 Cours de philosophie positive》, 1830)

12. "소크라테스와 그같은 영혼에 이를 수 있다 해도, 인류의 생존이 인류를 구성하는 사람들의 추론 과정에만 의존했었다면, 오래전부터 인류는 이성을 통해 미덕을 얻을 수 없었을 것이다."(루소, 《인간 불평등 기원론과 그 기초에 대한 서설》, 1754)

13. "우리 자신 속으로 돌아올 때 우리가 참조하는 이성은 보편적인 이성이다."(말브랑슈, 《진리를 향한 추구》, 1676)

요 약

우리는 이성이 인간사의 한 영역에서만은 벗어난다고 생각할 수 있다. 미학적 인식과, 보다 일반적으로 말하자면 정서 생활과 감정적 영역이 그것이다. 다른 부분으로 말하자면 이성은 더 이상 이성이 의문을 던질 수 없는 문화와 교육의 다양한 요소들에 의해 조건지어진다. 하지만 이성이 수용과 선험적 믿음, 종교적 행위와 모든 것에 대한 문제 제기를 체계화할 수 있을까? 이성은 매번 정신 현상의 다른 측면을 자신의 능력, 자신의 권한 아래 두려고 할지도 모른다. 문제는 합리적인 제어가 인간에게 구속이 되는지,

아니면 자유가 되는지를 아는 일이다. 이러한 주장이 매우 적절할까?

개념 도구들

감정(Sentiment): 상대적으로 꾸준한 정서 상태로, 비록 거기에서 생길 수는 있지만 꼭 한 대상 혹은 한 존재와의 관계 속에서 결정되지는 않는다. 감각과 구별되는데, 감각의 기원은 정신적이기보다는 물리적이기 때문이다(대화 1을 보라).

열정(Passion): 성격을 상당 부분 바꿀 수 있고, 인식을 완전히 지배할 수 있는 심오하고도 지속적인 감정.

특정한 정신적 경향으로 비교적 배타적이다. 교란, 혹은 이와 반대로 정신 현상의 원동력으로 생각할 수도 있다.

복종하는 상태로 의지나 이성과 반대된다.

정상적인(Normal): 법칙·규범·논리적·도덕적 성질과 사회 규약에 근거하여 마땅히 되어야 할 바에 일치하는 것.

확신(Croyance): 참이나 선을 위해 어떤 명제 혹은 존재를 전적으로 지지하면서 믿는 것.

앎(Savoir): 어떤 대상, 명제나 어떤 영역에 대한 합리적 인식에서 생기는 것.

주관(Subjectif): 감각·감정을 지녔기 때문이든, 합리적인 영혼을 지녔기 때문이든 흔히 인간 주체에게 속해 있는 것이다.

어떤 대상에 대한 인식이나 지각을 규정하는 것으로 주체의 성격에 따라 변하고 수정된다. 객관에 반대되며, 부분적이거나 편파적인 의미를 지닌다. 환상이나 근거 없는 것이라는 경멸적 의미를 지니기도 한다.

객관(Objectif): 있는 그대로의 대상에 속해 있는 것으로, 이 대상을 생각하는 정신을 넘어선 고유한 현실 속에 있다.

선입견이나 편견이 없는 상태. 실제적 의미나 과학적 의미로 사용된다.

궁극성이나 목적성 같은 의미를 지닐 수도 있다.

의견(Opinion): 즉각적이고 성찰되지 않은 상태의 특정한 사유를 말한다.

선입견(Préjugé): 어떤 정보나 충분한 성찰을 근거로 하지 않는 미리 만들어진 판단.

이데아(Idée): 개념, 이미지나 여타 다른 형태를 지닌 정신적 표상이다. 성찰이나 확인의 산물로 여겨지는 특정한 사유다.

개념(Concept): 합의 같은 것, 모든 것이 그 위에서 맞아떨어지는 정의 같은 것을 전제로 하는 생각이다. 예를 들면 인간이란 개념은 언어를 사용할 수 있고, 이성을 지니고, 두 발로 걷는 포유류다. 혹은 그 용도가 철저히 규정된 특정한 생각이다.

6 보편성과 상대성

엘로이즈 조금 전에 이성이 독재적인 거라고 말하는 것 같던데?

빅 토 르 맞아, 바로 그거야. 누군가 합리적으로 추론하는 순간, 그는 자기가 뭘 생각해야 하는지를 다른 사람들에게 말할 권리가 있다고 생각하지.

·**엘로이즈** 왜 그래서는 안 되는 건데?

빅 토 르 그럴 권리는 없어! 각자는 자기가 원하는 걸 생각하고, 제 방식대로 추론해. 무슨 권리로 다른 사람에게 생각해야 할 바를 말할 수 있겠어? → 인용문 1

문제 제기 4:
권위적 추론은 이성에 일치하는가?(텍스트 p. 141)
문제 제기 3,8

❗ 잘못된 명증

우리가 '우리 맘에 드는 것을 생각한다'는 것은 전적으로 명백하지는 않다. 너무 앞선 주장일 수는 있지만 아직 판단이 남아 있으니까.

❗ 성급함

너무 즉각적인 대답은 자기 모순을 깊이 생각해 볼 만한 시간을 주지 않는다. 이런 대답은 범주화된 금지와 극단적인 상대주의를 동시에 부추긴다.

엘로이즈 그런데 넌 내가 뭘 생각해야 하는지 말하지 않았잖아?

빅 토 르 그러지 않았지!

엘로이즈 반박할 수 없는 진리라고 생각하는 게 뭔지도 말하지 않았지?

빅 토 르 하지만 그건 달라. 나는 각자가 자신이 원하는 바를 생각할 수 있다고 말했어. 그렇지 않으면 그건 논쟁이나 싸움이니까. 그럴 때 각자는 상대방이 자기처럼 생각해야 한다고 여기지.

엘로이즈 그럼 수학에서는 어때? 각자 자기가 바라는 대로 생각하니?

빅 토 르 그거하곤 상관없어! 그건 수학이야, 학문이라구.

❶ 독단적인 확신

확신에 차 있는 사람들은 학문의 반론은 끝까지 생각해 보지 않는다. 심관이 없다면 판단해야 한다. 하지만 그전에 이러한 논거가 적합한지 검증하는 게 더 좋을 것 같다.

엘로이즈 그럼, 그래서 네가 하고 싶은 말은 뭔데?

빅 토 르 학문에서는 증명을 하지.

엘로이즈 생물학에서도 역시 증명을 해?

빅 토 르 진화론 같은 예를 들자면 증명을 가능케 하는 증거와 정보들이 있지.

엘로이즈 사람들이 추론을 할 때는 증명도, 입증도 안해?

빅 토 르 물론 하지, 하지만 그건 달라.

엘로이즈 뭐가 다른데?

빅 토 르 그래도 잘 알거든. 사람들은 그걸 알아.

❶ 잘못된 명증

'잘 알거든'이란 말은 증거가 되지 않는다. 이러한 '증거'를 평가하기 위해서는 여러 논거를 제시해야 할 것이다.

❶ 사회 통념

이런 생각이 널리 퍼져 있다는 사실이 논거가 되지는 않는다. 불충분한 정당화이다.

엘로이즈 하지만 보다 구체적으로는…….

빅 토 르 결국에는 그렇지. 철학 같은 학문에서 생각해야 하는 바가 무엇인지를 우리에게 말해 주면 끔찍할 거야! 우리의 자유는 어디에 있는 걸까? 문제는 우리의 생활이야!

문제 제기 22:
이성은 자유를 이루는 요소인가?(텍스트 p.162)
문제 제기 4

무슨 권리로 우리에게 우리가 해야 할 바를 말할 수 있겠어? → 인용문 2

엘로이즈 그럼 의사에게는 우리의 생명에 대한 책임이 없을까? 그런데 우리는 많은 부분을 그에게 복종하잖아?

빅 토 르 그래, 하지만 반드시 그에게 복종해야 하는 건 아니야.

❶ 의미 변화

'입증하다(prouver)'라든가 '다른 사람들에게 생각해야 하는 바를 말하다' 같은 생각을 '복종을 강요하다'로 교체할 수 있다. 어떤 표현을 다른 표현으로 바꿀 수는 있지만, 이를 유기적으로 연결하고 증명해야 할 것이다.

엘로이즈 합리적 추론 과정과 한마디 말에 불과한 이성이 어떻게 아무것에나 복종할 수 있지?

빅 토 르 그럼 독재자들은?

엘로이즈 독재자들이 합리적인 사람이기 때문일까?

빅 토 르 너 때문에 별로 대수롭지도 않은 걸 말해야 하잖아. 내가 하고 싶은 말은 그게 보편적이라면 그 반대를 말할 권리는 없어.

엘로이즈 네가 인간이 생각하는 동물이라고 말한다면, 이 문장에 논쟁이 될 만한 게 있다고 생각해?

빅 토 르 아니, 어쨌든 그건 분명한 사실이니까.

엘로이즈 그럼 나한테 그걸 반박할 권리가 없다는 거야?

빅 토 르 물론 그럴 수는 있지만, 내 생각을 바꾸려면 적절한 논거와 견고한 증거를 제시해야 할걸.

❶ 일치성 상실

비일관성이 개입하고 있다. 시각이 뚜렷하게 달라지지도 않았는데 증거를 수락하고 만다. 더군다나 '증거'라는 개념을 쓰고 있다. 그러니까 증거가 객관적 기준이 되므로 단순 상대주의라는 원리는 부분적으로 거부된다.

엘로이즈 그걸 뭐라고 부르지?

빅 토 르 맞았어! 입증하고 증명해야 하는 이상 사실 그건 추론하는 거야. → 인용문 3,4

엘로이즈 하지만 제대로 추론하지 못할 수도 있을까?

빅 토 르 물론 그럴 수 있지.

엘로이즈 제대로 추론하지 못한다는 걸 어떻게 아는데?

빅 토 르 일관성 같은 기준이 있잖아. 그렇지 않으면 아무거나 하는 게 되겠지.

엘로이즈 그럼 이성에는 반박할 수 없는 기준들이 있는 걸까?

빅 토 르 응, 난 그렇다고 생각해.

엘로이즈 누군가의 이성이 결코 약화되지 않는다고 생각할 수 있다구?

빅 토 르 물론 그런 건 아냐. 그런 건 없어.

엘로이즈 하지만 그걸 파악할 수 있다며?

빅 토 르 네가 원한다면 그렇지. 신이나 완전한 이성이라면 그럴 거야. 그렇구나, 알았다! 넌 절대적이고 완벽한 이성이 있다는 사실을 내가 말하기를 바라는 거야. 일종의 보편적인 이성을 말야. 아니, 그렇지 않아! 그런 건 절대 없어. 절대적인 이성은 존재하지 않아. → 인용문 5,6

추상화, 정신의 작용을 뜻하는 용어인 '파악하다(concevoir)'와 존재·대상·정신적·물리적 현존을 지칭하는 '존재하다(exister)'를 혼동해서는 안 된다.

엘로이즈 하지만 그걸 파악할 수 있어?

문제 제기 1:
이성을 추론으로 요약할 수 있을까?(텍스트 p. 137)

문제 제기 3:
이성은 보편적인가?(텍스트 p.140)

❶ 의미 변화

빅 토 르 사실을 털어놓자면 약간 두렵긴 해. 그걸 파악할 수는 있지. 하지만 그건 존재하지 않아. 그건 허구야. 우리들 각자는 자기가 할 수 있기 때문에 추론을 해. 비록 이성에 여러 가지 기준이 있기를 당연히 바라기는 하지만.

엘로이즈 지각에 대해서는 어때?

빅 토 르 그건 달라. 각자는 자기가 원하는 걸 좋아해. 거기엔 기준이 없어.

엘로이즈 네가 커튼은 검은색이고, 테이블은 붉은색이라고 말한다면 넌 이게 논쟁의 대상이 된다고 생각해?

빅 토 르 물론 아니야. 색깔이 잘 보이니까.

엘로이즈 네가 커튼이 검다고 생각한다고 쳐도 내가 그게 희다고 증명할 수 있을까?

빅 토 르 그런 경우라면 나는 어째서 그런지 모르는 거겠지.

엘로이즈 반박할 수 없는 확실성은 어디에 있는 걸까? 감각에 있는 걸까, 이성에 있는 걸까?

문제 제기 6:
감각을 통한 지각만으로
충분히 알 수 있을까?
문제 제기 7,10

빅 토 르 물론 감각이지. 현실에 대해 말하니까. 모든 사람들에게 현실은 한결같아. 눈을 뜨고 귀를 열기만 해도 돼. 그건 각자에게 다른 견해나 생각이 아니야. → 인용문 7,8

❶ 문제 제기의 난점

마주친 사유의 다른 요소들이 이성과 지각에 대한 일반적인 문제 제기 속에서 유기적으로 연결되지 않고 있다.

엘로이즈 그럼 가능한 토론은 없는 거야?

빅 토 르 이미 이성에 대해서만큼 위험하지는 않아. 색깔의 결과는 별로 중요하지 않으니까. 예를 들면 국가의 이성을 택해 봐.

엘로이즈 그게 뭔데?

빅 토 르 정부가 토론도 거치지 않고, 이런저런 사정을 알려 주지도 않고, 비밀리에 옳다고 주장할 때 말야.

엘로이즈 지금 문제가 되는 이성이 그런 거야?

빅 토 르 아니, 그래, 내가 좀 성급한 건 사실이야. 그건 어떤 걸 하기 위한 특정하고도 이미 결정된 이성의 경우지. 하지만 이성은 결코 멈추지 않아. 이성과 옳다는 것, 이유를 댄다는 걸 종종 혼동한다는 생각이 들어. 그래도 이성은 판단에 영향을 주지. 하지만 감각은 그렇지 않아.

엘로이즈 색깔은 가끔 모호하지 않아? 특정 색깔을 보지 못하는 색맹 환자들이 있잖아?

빅 토 르 그래, 하지만 틀리지 않는 감각들이 있어. 뭔가를 만질 때 같은 경우가 그렇잖아.

엘로이즈 그렇게 만지는 경우가 아니면 만진다고 확신할 수 없는 걸까?

빅 토 르 네가 그렇게 말하니까 그렇다고 믿을 수도 있겠지. 어떤 물건을 세게 눌렀다가 놓더라도 여전히 그걸 느낀다고 생각한다고 앞에서 말한 적이 있어.

엘로이즈 그래서 결론이 뭐야?

문제 제기 21:
감각 능력은 사물, 혹은
육체의 어떤 자질인가?
(텍스트 p.160)
문제 제기 7,14

빅 토 르 감각처럼 이성이 사물이나 그것들이 어떤 식으로 있는가에 대한 정보 둘 다를 우리에게 준다는 건 사실이야. 하지만 이 둘은 모두가 아주 주관적이지. 우리는 판단을 내려야 해. 매번 나는 감각이 더 믿을 만하다고 생각하지. 그게 틀리는 경우가 훨씬 적으니까. 이성은 관념(idées)으로만 만들어졌구. → 인용문 9

☆ 조작 개념의 도입

주관성이란 개념 때문에 우리는 이성과 감각을 동시에 다룰 수 있게 된다.

❶ 다(多)개념

주관성이란 개념이 충분히 명확하지 않다. 감각을 선호한다는 표현에서 그 개념은 금방 달라진다.

엘로이즈 감각은 자기가 틀리다는 걸 어떻게 알지?

빅 토 르 모르겠어, 난. 아마 두 가지 인상을 비교하기 때문일 거야.

엘로이즈 비교라구?

빅 토 르 그래, 이를테면 듣는 것과 보는 걸 비교하면서 말야.

엘로이즈 말하자면?

빅 토 르 나한테 소음이 들려. 나는 그게 내가 아는 누군가라고 믿지. 그러면 나는 내가 틀리지 않았는지 확인하려고 쳐다보지.

엘로이즈 하지만 누가 의심하고, 비교하고, 최종 판단을 내리지?

문제 제기 7:
이성의 반대말은 감각보다는 인간일까?(텍스트 p.144)

빅 토 르 사실, 결국은 이성이야. 감각이 이 모든 걸 다 하지는 않아. 하지만 아마도 감각이 보다 믿을 만한 건 그 때문일 거야. 사람들은 사물의 색깔에 대해서보다는 인간의 본성에 대해 더 많이 논쟁하지. 관념이 달려 있을 때에는 늘 난장판이기 때문이야. 그래도 이성은 쓸모 있기도 해. → 인용문 10,11

❶ 합(合)의 착각

감각과 이성이 나란히 서 있다. 이것들 각각의 용도는 인정되었지만 이들의 관계는 하나의 문제 속에서 연결되지 못한다.

엘로이즈 넌 감각에 만족할 수 있어?

빅 토 르 아니, 사실 거기에도 정보처럼 좀 한계가 있거든. 하지만 감각이 이성으로 하여금 아무거나 말하지 않도록 한다고 생각하기도 해.

　엘로이즈　우리는 보는 거나 듣는 걸 어떻게 확인하지?

　빅 토 르　이성을 통해서지. 같이 확인했잖아.

　엘로이즈　그래서?

　빅 토 르　감각과 이성에는 각각의 역할과 한계가 있고, 이 둘은 서로 보완적인 것 같아.

　엘로이즈　각자가 맡은 부분을 하면서 보완한다구?

문제 제기 10:
현실이란 우리가 감각을 통해 지각하는 것이 될 수 있을까?(텍스트 p. 147)
문제 제기 6,13,15

　빅 토 르　네가 말하는 게 약간 기계적인 것 같은데. 감각과 이성은 서로 자주 대립할 수도 있다고 생각하거든. 이 둘은 보완적이면서 모순적이지. 그렇기 때문에 이 둘이 상호적으로 보완하는 거지. 예를 들면 생각하는 걸 확인하려고 우린 보거나 만지려고 하지. 왜냐하면 우리의 상상력이 우리에게 장난을 치니까. 그건 모든 걸 왜곡시켜. 하지만 난 여전히 감각 능력을 선호하고, 그게 더 믿을 만하다고 생각해. 아마 우리에게는 각자가 선호하는 게 있을 거야. 그런 식으로 말야. → 인용문 12

❶ 문제 제기의 난점　이성과 감각 능력 사이의 '보완적이고 모순적'인 관계가 충분히 규명되지 않았다. 이 관계가 어떻게 이루어졌는가를 보다 자세히 검토해야 할 것이다.

　엘로이즈　한 남자가 날 성가시게 해서 내가 그를 죽이고 싶다면?

　빅 토 르　하지만 너한테는 사람들의 생명을 마음대로 할 권리가 없어!

　엘로이즈　네가 무슨 독재자라도 되니? 보편적인 금기를 그런 식으로 선포하게?

　빅 토 르　난 네가 그 반대 경우를 말하는 건 막지 않아.

엘로이즈 그런 행동을 하지 않았으면 해?

빅 토 르 당연히, 내가 할 수만 있다면.

엘로이즈 무슨 권리로?

빅 토 르 너한테 그런 권리가 없다는 권리.

엘로이즈 네가 너 자신을 위해 제기하고, 나는 거부하는 그 권리는 뭘 뜻하지?

빅 토 르 아무것도 모르겠어. 아마 도덕이겠지. 도덕은 때로 금지권을 부여하니까.

엘로이즈 도덕을 독재적인 것으로 몰아내야 할까?

문제 제기 4:
권위적 추론은 이성에 일치하는가?(텍스트 p. 141)
문제 제기 5

빅 토 르 아마 그렇지는 않을 거야. 하지만 다 완결된 도덕은 마음에 안 들어. 사람들이 내가 뭘 해야 하는가를 말해 주는 그런 도덕 말야. 그건 이성에 어긋나. → 인용문 13

❶ 다(多)개념

막 도입된 도덕이라는 개념이 분명치 않다. 도덕과 관련된 일반론을 지지하기보다는 그것을 규명하는 게 더 나을 것 같다.

엘로이즈 하지만 너도 내가 뭘 해야 하는지 말하잖아, 안 그래?

빅 토 르 그렇긴 해.

엘로이즈 다른 식으로 할 수 있을까?

빅 토 르 어떻게 해야 할지 모르겠어. 그래도 그건 아주 위험해.

엘로이즈 무슨 위험을 말하는 거야?

빅 토 르 아까 말했잖아. 이미 다 만들어진 도덕의 위험 말이야. 그런 이름으로 사람들은 어리석게 다른 사람들에게 강제로 시키고 생각하게 하지.

엘로이즈 이런 위험을 어떻게 막을 수 있을까?

빅 토 르 네가 나한테 무슨 말을 시키고 싶은 건지 알겠

문제 제기 19:
자신의 직관을 믿는 것
이 합리적인가?(텍스트
p.157)
문제 제기 12

어. 옳기 위해서 애쓰기보다는 추론하라는 거지. 하지만 특히 마음의 소리를 들을 줄 알아야 한다고 난 생각해. 마음은 해야 할 바를 항상 잘 알고 있다고 믿거든. 게다가 이성은 너무 난폭해. 내면의 지각, 자신의 직관을 파악해야 하는 거지. 자기만의 감각 능력에 귀를 기울여야 해. 그건 우리에게 직접 말을 걸어오거든. 우리가 느낄 수 있다고 부르는 것 말야. 난 합리적으로 추론하는 것보다는 그게 더 사실적이라고 자주 생각해. 합리적으로 추론한다는 건 약간 인위적이고 냉정하며, 좀 피상적이거든. 반면에 감각 능력을 통해서는 사물에 대해 즉각적으로 직관을 얻어. → 인용문 14

❶ 단순화시킨 사고

이성에 대한 비판에 근거를 두고 있지만 문제 제기를 위한 반대 입장이 빠져 있다.

철학자들의 반응

→ 인용문의 번호는 대화를 가리킨다.

1. "모든 사람들은 되풀이한다. 즉 사람들이 많이 모일수록 의견도 많다. 또 각자는 각자의 의미를 택한다. 또한 뇌의 차이보다는 입의 차이가 더 크다(생각의 차이보다는 말의 차이가 더 크다)."(스피노자, 《윤리학》(사후 출판), 1677)

2. "인간은 자유롭다. 어떠한 충고도 없다면 격려도, 규범도, 금지도, 보상과 벌도 다 소용없을 것이다."(토마스 아퀴나스, 《신학대전》, 1266-1274)

3. "합리적 추론 과정은 정신적 작용이다. 한 가지 사실에 대한 이러한 정신적 작용을 통해 우리는 다른 사실을 확인한다."(보쉬에, 1627-1704)

4. "추론하는 일은 내 집을 통째로 사용하는 것이고, 합리적 추론 과정은 거기에서 이성을 몰아내는 것이다."(몰리에르, 《유식한 여자들 Les Femmes savantes》, 1672)

5. "철학이 가져오는 유일한 것은 이성이라는 단순한 생각이다. 그것은 이성이 세상을 지배하고, 그 결과 보편적인 우주역시 합리적으로 전개된다는 생각이다."(헤겔, 《역사 속의 이성》, 1837)

6. "이성의 마지막 과정은 무수히 많은 것들이 이성을 앞선다는 사실을 깨닫는 일이다. 비록 이성이 이러한 사실을 깨닫는다 해도 이성은 나약한 것에 불과하다."(파스칼, 《팡세》(사후 출판), 1670)

7. "이 책의 주목적은 어떻게 우리의 모든 인식과 우리의 능력이 감각에서, 정확하게 말하자면 느낌에서 비롯되는가를 보여 주는 것이다(…)."(콩디야크, 《감각론 Traité des sensations》, 1754)

8. "그런데 영혼에는 존재, 실체, 하나, 동일한 것, 원인, 지각, 합리적 추론과 수많은 다른 개념들이 포함된다. 하지만 감각은 이러한 것들을 줄 수가 없다."(라이프니츠, 《인간의 이해에 대한 새로운 에세이》, 1704)

9. "(…) 우리에게는 이성이 필요하다. 만일 이 두 가지가 다 일어날 경우 시각이 우리에게 알려 주는 것처럼 보이는 판단에서보다는 우리가 직접 만져 본 다음에 내리는 판단을 더 믿어야 한다는 점을 가르쳐 주기 때문이다."(데카르트, 《여섯 번째 이의, 형이상학적 성찰에 대한 대답들 Réponses aux sixèmes objections, aux Méditations métaphysiques》, 1641)

10. "인간이 이성적으로 살아가는 한 그들은 늘 천성적으로 서로 잘 어울리게 되어 있다."(스피노자, 《윤리학》(사후 출판), 1677)

11. "오성(entendement)이란 규칙을 이용해 여러 가지 현상들에 통일성을 부여하는 권리라고 말한다면, 이성(raison)은 원칙을 이용해 오성의 규칙을 통일시키는 능력이라고 말해야 한다."(칸트, 《순수이성비판》, 1781)

12. "감각 능력이 없다면 어떠한 대상도 우리에게 파악되지 않을 것이고, 오성이 없다면 어떠한 [대상도] 사유되지 않을 것이다. 내용 없는 사유는 공허하고, 개념 없는 직관은 맹목적이다."(칸트, 《순수이성비판》, 1781)

13. "진정한 도덕은 도덕에 아랑곳하지 않는다."(파스칼, 《팡세》(사후 출판), 1670)

14. "직관을 통해 나는 감각이 주는 불확실한 신뢰를, 잘못된 구조로 된 상상력의 잘못된 판단이 아니라 순수하고도 조심스러운 지능이 아주 능숙하고 분별력 있게 빚어내는 개념을 듣는다. 그리하여 우리가 이해하는 바에 대한 어떠한 의심도 전혀 남지 않는다."(데카르트, 《영혼의 방향을 정하기 위한 법》(사후 출판), 1701)

요 약

이성은 강요를 지니는 어떤 요구인 것 같다. 그것은 이성과 모든 구속을 동일시하라고 강요하지 않는다. 그리하여 도덕적이거나 사회적인 몇 가지 규칙들이 다소 정당한 방식으로 보편성을 요구하고 있기는 해도 꼭 합리적인 것은 아니다. 증명과 논거는 이성의 유효성을 보장하는 최고의 방식이다. 그럼 이제 어떤 이성이 보편적인가 그렇지 않은가를 가정으로 내세울 수 있는지 알아야 할 것이다. 동시에 감각의 산물들이 선택의 여지를 남기지 않은 채 종종 우리에게 제시된다. 게다가 이러한 감각의 산물들은 우리로 하여금 오류에 대비하도록 하지도 않는다. 그렇기 때문에 감각의 산물들만이 우리를 만족시키는 것이 될 수는 없다. 이런 의미에서 이성과 감각의 구별은 이 두 자질의 영원하고도 상호적인 검증을 일으킨다.

개념 도구들

도덕(Morale): 허용과 금지, 유용함과 무용함, 선과 악을 규정하고 명령하는 행동의 원칙과 규칙들 총체.

이 도덕의 규칙들이 경험이나 신념, 유용함이나 사회적 규범이 아니라 오로지 이성에서 비롯되는 것으로 여겨질 때 도덕은 합리적이라고 명명된다.

권력(Autorité): 지배적인 위치, 혹은 개인적·사회적으로 인정된 최고의 위치를 일반적으로 지칭한다. 권력을 행사하고, 남들이 자신에게 복종하는 것을 누리는 사람이 갖는다.

권위적 추론(Argument d'autorité): 설득의 힘이 논거의 고유 가치가 아니라 개념을 발설하는 사람의 계급적·도덕적·지적 위계 질서에 있는 논거를 말한다.

토론하다(Discuter): 공통 문제에 대한 상이하고도 논쟁거리가 되는 견해들을 가치 있게 해주는 대화를 통해 다양한 명제를 검증하는 것이다. 혼자서 혹은 한 사람이나 다수의 대화자들과 협력하여 이루어질 수 있는 활동이다.

논쟁하다(Disputer): 공동의 탐구가 이루어지지 않는 과정으로, 이와는 반대로 다툼이나 이론적 싸움이 일어난다. 이때 하나의 견해는 다른 견해를 이기거나 제거해야 한다.

일반적(Général): 주어진 대상 전체, 혹은 적어도 이 전체 중 가장 많은 부분에 전반적으로 부합하는 특성이나 속성을 말한다. 보통 '예외적인'이나 '특수한' 같은 말이 이에 상반된다.

특정한(Particulier): 한 가지 요소나 특정한 몇몇 요소들, 또는 보다 광범위한 전체에서 축약된 부분에 부합하는 특성이나 속성을 말한다.

보편적인(Universel): 주어진 전체의 모든 요소들에 예외 없이 관련된 것이다. 만유인력(우주 전체에 해당), 보편선거(모든 시민들) 같은 것이 예이다. 현실 자체로 여겨지는 주어진 전체에 공통된 속성을 지칭할 수도 있다. 보편적 이성처럼 말이다.

유일한(Singulier): 전체 중 한 가지 요소에만 관련된 것이다. 독특한(unique)이 유사어이다.

이론과 실천

빅 토 르 이성이 모순적일 수 있다고 생각하니?

엘로이즈 왜 그걸 묻지?

빅 토 르 난 그런 생각이 들거든. 가끔은 그런 것 같아.

엘로이즈 네 생각을 좀더 명확히 설명해 볼래?

빅 토 르 하지만 나한텐 명확해 보이는데.

엘로이즈 너한테야 그렇겠지. 하지만 나한테는 아니야. 네가 말하는 대상은 나잖아.

빅 토 르 그래도 내가 하고 싶은 말이 뭔지 넌 알고 있을 거라고 생각해.

엘로이즈 그렇다고 치자. 하지만 그게 명확하지 않다면 좀더 설명할 수 있지 않을까?

빅 토 르 예를 들어서 대답해 볼게. 예를 너무 많이 드는 걸 좋아하지 않겠지만 말야.

엘로이즈 왜 그런 생각을 하지?

빅 토 르 철학자들은 예를 좋아하지 않아. 그들은 특히 이성을 좋아하기 때문에 개념과 합리적 추론 과정만 선호하지. 사람들이 뭘 보든, 뭘 말하든 그들에게는 중요하지 않지. 그들은 그게 이성이 아니라고 말하니까. → 인용문 1

특히 이와 같은 절대적인 단정을 강조하기 위한 '철학자들'이란 실체는 없다. 이 실체가 일부의 진실을 지지하기는 하지만 단정적 금지를 내리지 않기 위해서는 이 실체를 보다 명확히 하는 게 좋다.

엘로이즈 내가 철학자인지는 모르겠어. 하지만 내가 예

문제 제기 9:
이성을 논리로 환원할 수 있을까?(텍스트 p. 146)
문제 제기 1,11

❶ 수적인 변명

를 좋아하지 않는다는 말을 너한테 시킨 적은 없는데?

빅 토 르 내가 자주 예를 들면 넌 만족스러워하지 않았잖아.

엘로이즈 내가 왜 그랬을까?

빅 토 르 넌 그 예를 분석하라고 하지.

엘로이즈 그렇다고 예를 거부하는 걸까?

빅 토 르 아닌 것 같아. 하지만 너한테는 그걸로 부족해. 매번, 넌 내가 예들을 잘게 쪼개길 바라는 것 같더라. 그러면서 추상적인 개념들에는 만족하면서!

엘로이즈 확실해?

빅 토 르 아니, 사실은 아냐. 내가 너한테 어떤 생각을 제시하면 넌 나한테 그걸 평가하고, 설명하고, 증명하라고 하지.

엘로이즈 그러면 그렇게 하자!

빅 토 르 뭘?

엘로이즈 잊었어? 네 예 말야!

빅 토 르 아, 그렇지! 이성에 대한 내 생각을 설명하기 위한 예 말이지.

엘로이즈 바로 그거야.

빅 토 르 자, 한 지점에서 다른 지점으로 가는 가장 빠른 길은 이성적으로 생각하면 직선로라고 알고 있어. 하지만 가끔 우리가 자동차로 이동할 때, 직선로는 교통의 흐름을 막는 붉은 신호등에 자주 걸리는 길이라는 것 또한 알고 있지. 반면 돌아가기 때문에 더 길기는 해도 다른 길로 가면 시간이 덜 걸리게 돼. 붉은 신호등이 없는 빠른 길이니까. → 인용문 2

이 예 자체는 잘 설명되었지만 이 예에서 끌어내는 결과, 즉

문제 제기 11:
이성과 감각을 대립적인 것으로 보아야 하나?
(텍스트 p.148)
문제 제기 8,10

❗ 설명되지 않은 예

결론은 그렇지가 않다. 어떤 평가가 내려지는 건지 모르겠다.

엘로이즈 그래서?

빅 토 르 이 예가 분명하지 않아? 난 다 잘 설명했는데!

엘로이즈 맞아. 다만 내가 문제를 모르는 거지!

빅 토 르 내가 아까 문제가 있다고 말하지 않았니?

엘로이즈 그런데 넌 왜 이 예를 드는데?

빅 토 르 가끔 옳기도 하고, 그렇지 않기도 하니까. 그럴 때 어떻게 해야 할지 모르겠어.

❶ 문제 제기의 난점

출발 지점의 직관이 발전되지 않았다. 짧게 말하기보다는 이 직관을 조금 더 지지하고, 어떤 문제들이 있는지, 또 제기되는 모순의 관건이 무엇인지 말해야 할 것이다.

엘로이즈 상충되는 명제 또한 문제가 되지 않을까?

빅 토 르 네가 바란다면, 만일 그게 문제라면, 좋아, 나한테 문제가 있어.

엘로이즈 그래서 어떤 결론에 도달한 거니?

빅 토 르 그러니까 난 아무런 결론도 내릴 수가 없어. 내가 거북한 게 바로 이거라구. 그리고 아무도 결정할 수가 없어. 이런 상충의 상황 앞에서는 말이야. 어떻게 해야 할지를 모르겠다구. → 인용문 3

문제 제기 8:
이성은 믿을 수 있는 것일까?(텍스트 p.145)
문제 제기 9,13,24

❶ 무력화시키는 불확실성

상충을 걱정하기보다는 이미 일어난 이 상충의 상황에서 해결책을 끌어내야 한다. 자신의 입장을 지지하고 정당화할 수 있다 해도, 이러한 상충 상황의 의미와 결과들을 분석하는 것이 좋겠다.

엘로이즈 그래서 우리가 뭘 해야 되지?

빅 토 르 난 모르겠어.

엘로이즈 네 생각에 문제가 어디에서 생기는 것 같아?

빅 토 르 정말이지 넌 이 말을 좋아하는구나! 하지만 결국 그 문제는 상충의 상황에서 생겨난 거라고 말해야겠지.

엘로이즈 무엇과 무엇의 상충?

빅 토 르 내가 갖고 있는 두 개의 서로 다른 생각들 사이의 상충이지.

엘로이즈 그 두 개의 생각은 어떤 거었는데?

빅 토 르 가장 빠른 길은 직선로라는 것과 그 반대의 생각.

엘로이즈 그 반대는 뭐지?

빅 토 르 가장 빠른 길은 직선로가 아니라는 생각.

엘로이즈 이 두 생각의 차이가 뭔데?

빅 토 르 이미 말했잖아, 그걸로 분명하지 않니?

엘로이즈 그래도 그 차이를 말해 봐.

빅 토 르 이 두 생각은 서로 대립해. 됐어?

엘로이즈 상반되는 게 직선의 원리와 붉은 신호등이 있다는 거야?

빅 토 르 도대체 무슨 말이 하고 싶은 거니?

엘로이즈 여기서 반대는 어디에서 오는 거지?

빅 토 르 이 둘 사이의 상충에서 오지.

엘로이즈 그럼 상충은?

빅 토 르 모르겠어.

엘로이즈 정말로 상충이 있었다고 생각해?

빅 토 르 사실 상충은 내 머릿속에 있는 걸 거야.

엘로이즈 왜 그렇게 생각해?

빅 토 르 세상이 원래 그러니까.

엘로이즈 어떤데?

문제 제기 11:
이성과 감각을 대립적인 것으로 보아야 할까?
(텍스트 p.148)
문제 제기 8,14

빅 토 르 어떻게 말해야 할지는 모르겠지만, 현실은 상충을 비웃는 것 같아. 현실은 합리적이지 않으니까. 구체적 세계에는 상충이 있을 수 없어. 정신에서만 있지. → 인용문 4,5

엘로이즈 그런데 질문을 제기하고 합리적으로 추론하려는 게 쓸데없는 일일까?

빅 토 르 물론 그렇지 않지! 하지만 상충의 상황들을 설명하기 위해 우리가 발견해야 할 보다 심오하고도 중요한 이성들이 아마 있을 거야.

엘로이즈 그럼 한번 해보자!

빅 토 르 뭘 하자는 거야?

엘로이즈 이 두 생각이 무엇 때문에 대립하는 거지?

문제 제기 23:
이성이 무의식적일 수 있는가?(텍스트 p.163)
문제 제기 2,19

빅 토 르 이 둘이 대립한다는 사실을 인정하는 것으로 충분하지 않을까? 직감으로 잘 알 수 있거든! 설명하거나 논거를 제시할 필요는 없어. 우리가 하는 말을 전부 정당화할 필요는 없을 거야. 그렇지 않으면 거기에서 더 이상 빠져나오지 못하니까! → 인용문 6,7

❶ 다(多)개념

'대립'이란 개념이 충분히 명확하지 않다. 이를 더 잘 이해하려면 이 대립의 성질과 상황, 이유들을 알아야 할 것이다.

엘로이즈 하지만 넌 대립의 이유를 알기 위해서는 철저히 조사해야 한다고 주장했잖아.

문제 제기 3:
이성은 보편적인가?(텍스트 p.140)

빅 토 르 그래, 아깐 그랬지. 그런데 좀 복잡해졌어. 그건 우리가 어떤 입장에 있느냐에 달려 있거든. 우리 각자는 그걸 자기 방식대로 설명할 거야. → 인용문 8

❶ 상대적인 것의 불명확함

한 문제를 여러 가지로 해석함으로써 문제를 회피하고 있다. 여러 가지 시점이 있다 해도 이들을 비교하기 위해서는 그것에 관해 말할 것이 아니라 그것들을 유기적으로 연결시켜야 한다.

엘로이즈 '각자'라는 말은 잊어버려! 넌 그걸 어떻게 설명하겠니?

빅 토 르 짜증내지 마! 해볼게! 그게 그렇게 간단한 게 아니잖아. 아까 네가 나한테 물어본 것보다 더 추상적이야.

엘로이즈 한번 해보자.

빅 토 르 어떻게?

엘로이즈 그 두 생각을 검토해. 먼저 이 생각들 각각이 어디에서 생겨났는지를 생각해 봐.

빅 토 르 붉은 신호등의 경우야 쉽지. 눈에 보이니까.

엘로이즈 그걸로 어떤 결론을 얻었는데?

빅 토 르 아무것도. 난 그 길을 잘 알고, 나한테 잘 보이거든. 그게 전부야.

❶ 다(多)개념   인식의 원천으로 사용된 '보다'가 문제가 되는 것이 아니다. 이 말을 개념화해야 한다. 다시 말해 이 말이 뜻하는 바와 그 결과를 깨달아야 하는 것이다. 이 말은 무엇보다도 감각을 믿도록 만드니까 말이다.

엘로이즈 네가 쓴 그 개념은 어떤 건데?

빅 토 르 난 개념을 쓰지 않아.

엘로이즈 그런 정보를 어디에서 얻었는데?

빅 토 르 아, 그래! 그렇구나, 내가 그걸 보니까 그건 시각에서 오는 거겠지. 네가 좋아하는 것처럼 감각적인 경험에서 오는 거지. 이게 개념인가?

엘로이즈 그렇다고 치자. 그럼 이제 나머지 개념은?

빅 토 르 다른 개념 역시 마찬가지야. 가장 빠른 길이 직선로라는 건 다 잘 알지.

엘로이즈 어떻게 그걸 아는데?

빅 토 르 좋아, 사실은 몰라, 하지만 그렇다고는 인정해.

엘로이즈 어떻게?

빅 토 르 결국 분명해졌어. 그걸 알려고 해야 할 일은 없는 거야! 그저 한 가지를 알 뿐이야, 그게 다라구! → 인용문 9

문제 제기 19:
자신의 직관을 믿는 것이 합리적인가?(텍스트 p.157)
문제 제기 23

❶ 성급함

모든 것을 다 아는 일에는 기원이 있어야 한다는 점을 잊고 있기 때문에 우리는 자신이 아는 것을 어떻게 알고 있는가를, 그러한 지식이 어디에서 생기는가에 대해 자문하지 못한다.

엘로이즈 왜 그렇게 말해?

빅 토 르 모든 사람들이 그걸 아니까.

엘로이즈 모든 사람들이 그걸 안다는 걸 어떻게 단정해?

빅 토 르 하지만 그건 자명한 사실이야! 그걸 모르면 바보지!

❶ 격한 감정

개념을 더 멀리까지 밀고 나가고픈 마음을 이미 언급된 바를 먼저 분석해야 한다는 필요가 가로막는다. 이것은 조급함 같은 게 생기는 까다로운 일이다.

엘로이즈 그게 왜 자명하지?

빅 토 르 좋아! 여러 감각이 아니라 한 가지 감각을 통해서지! 분명 그건 비슷하지 않아. 내 말장난이 맘에 들어?

엘로이즈 아주 마음에 들어! 이 두 생각들간의 차이는 뭘까?

빅 토 르 첫번째 생각은 감각적 경험에서 생기는 거고,

두번째는 이성에서 생겨.

엘로이즈 이성에서 생긴다는 걸 어떻게 아는데?

빅 토 르 추론 과정을 통해 증명할 수 있거든. 그런 원리는 기하학에서 본 적이 있어. 증명까지 했으니까. 가장 짧은길은 가장 짧은 곡선을 그리는 길이고, 직선은 최소한의 곡선이지. 그 선이 구부러지지 않는다면, 그 선은 똑바른 거지.

엘로이즈 좋아. 그럼 정리해 보자. 이 두 생각의 차이가 뭐지?

문제 제기 24:
추론과 행동은 대립하는가?(텍스트 p.164)
문제 제기 11

빅 토 르 하나는 감각의 경험에서 오고, 다른 하나는 이성에서 와. 하나는 외부에서 오는 거고, 다른 하나는 내면에서 오지. 사실 나는 이 두 개념이 실천과 이론처럼 대립한다고 덧붙이고 싶어. 그리고 철학은 실천보다는 이론을 선택한다고도. → 인용문 10,11

✿ 사고의 완성

이론과 실천 간의 대립을 통해서 상충하는 두 명제들간의 대립의 성질이 발전되었다.

엘로이즈 이 두 원리가 상반될 땐 어떻게 선택해야 할까?

빅 토 르 이제 조심해야지. 네가 쳐놓은 함정에 빠지지 않으려면 말이야. 난 결정할 수 없다는 말은 하지 않을 거고, 또 그런 식으로 선택하지도 않을 거야.

✿ 판단 보류

분석을 계속하기 전에 피해야 할 가장 흔한 암초 중의 하나를 생각한다. 그것은 성급하게 지지하고 거기에 남는 일이다.

엘로이즈 꽤 인상적인데. 그럼, 뭘 해야 하지?

빅 토 르 결국 경험은 판단의 주된 기준이라고 확신하

문제 제기 13:
이성은 그 자체로 충분
한가?
문제 제기 8,11,24

게 됐어. 구체적인 게 우선하니까. 우리가 원하는 바를 전부 생각할 수 있지만, 구체적인 사실은 우리에게 현실의 가장 확실한 증거를 제공하지. 요컨대 우리는 구체적 현실에서 살고 있다는 거지! 결국 중요한 건 감각과 행위야. 이성은 너무 협소하기 때문에 관념에 불과해. → 인용문 12

❗ 일치성 상실

지지하지 않겠다고 결정한 바로 직후, 앞에서와 똑같은 상충을 문제로 제기한 점에 개의치 않으면서 이에 모순되는 행동을 하고 있다.

엘로이즈 그 반대 가설을 만들어 봐.

빅 토 르 중요한 기준으로서의 이성? 그걸 전적으로 믿지는 않지만 이제 조금씩 널 알겠다!

엘로이즈 감동인데!

문제 제기 3:
이성은 보편적인가?(텍
스트 p.140)
문제 제기 11

빅 토 르 이제 알겠어. 이성은 우리에게 감각이 필요없는, 참인 지식을 알려 줘. 기하학 같은 것이 우리에게 알려주는 게 그 예지. 삼각형의 세 각의 합이 180도인지를 알려고 각도를 잴 필요는 없지. 일단 그걸 증명하면 되는 거야. 항상 유효하니까. 이런 의미에서 이성은 경험보다는 더 믿을 만하지. 이성은 어디에서나 보편적이고 중요하니까. 이성은 때에 따라 다르게 작용하지 않고 보다 심오한 현실과 만나는 거야. → 인용문 13,14

☼ 있을 수 없는
것을 생각하기

처음의 확신에도 불구하고 설득력 있게 반대 가설을 발전시키기로 하고 있다. 이는 표결(délibération)과 문제 제기에 꼭 필요한 조건이다.

엘로이즈 이제 너 자신도 설득됐니?

빅 토 르 그래, 확실하게! 기하학에 대해서는 그래. 하

문제 제기 26:
이성과 열정 간의 갈등
에 대해 이야기할 수 있
을까?
문제 제기 3,24

지만 사실 세상이 아귀가 딱 맞아떨어진다고 생각지는 않
아. 인류를 괴롭히는 모든 문제들을 봐! 사람들은 상식을
무시하고 행동해. 나는 그들이 특히 자신들의 욕망을 쫓는
다고 믿어. 아주 비합리적인 욕망 말야. 인간이란 존재는
행동면에서 합리적이기보다는 비합리적이라고 말해도 될
거야. 그들을 이끄는 건 이성이 아니니까. → 인용문 15,16

철학자들의 반응

→ 인용문의 번호는 대화를 가리킨다.

1. "일반적인 진실을 입증하는 모든 예들은 그 수가 얼마나
많든간에 그 진실의 보편적인 필요성을 확립하기에 충분치 않
다. 일어난 일이 그후에도 같은 식으로 일어나지 않기 때문이
다."(라이프니츠, 《인간의 이해에 대한 새로운 에세이》(사후 출
판), 1765)

2. "세상 모든 사람들은 가장 기발하게 조합된 개념들과 가
장 교묘하게 구성된 추론 과정들이 마치 카드로 만든 성처럼
무너진다는 사실을 인정하게 되었다. 하나의 사실——실제로
파악된 단 하나의 사실——이 이 개념들과 추론 과정들에 충
돌하는 날에 말이다."(베르그송, 《사고와 변화하는 것 *La Pensée
et le Mouvant*》, 1934)

3. "똑같은 속성이 같은 주체에, 또 같은 관계 속에 속하기
도 하고 속하지 않기도 하기란 불가능하다. (…) 이것이야말로
모든 원리들 가운데 가장 확실한 것이다."(아리스토텔레스,
《형이상학 *Metaphysica*》, 기원전 4세기)

4. "그러므로 온 세계를 품고 보존하는 성질이 있다. 그리
고 이 성질에서 의식과 이성을 빼앗을 수는 없다."(키케로,

《신의 본성에 관하여 *De natura deorum*》, 서기 1세기)

5. "모순되는 여러 사물들, 모순되는 제도 같은 것들이 많이 있다는 것은 흔히 경험하는 사실이다. 이때 모순의 원천은 단지 피상적인 성찰 속에서 일어나는 것이 아니라 그 사물들과 제도 자체에 있다."(헤겔, 《논리의 과학 *Science de la logique*》(사후 출판), 1831)

6. "확신이란 증거가 필요없는 전적인 믿음을 지칭하는 공통어이다."(알랭, 《규정들 *Définitions*》(사후 출판), 1953)

7. "그러므로 우리들 각자는 보통 자신의 명제를 승리로 이끌 것이다. 설사 그 명제가 거짓처럼 보이거나 의심스러워 보일 때조차 말이다."(쇼펜하우어, 《항상 옳을 수 있는 기술》(사후 출판), 1864)

8. "각 시대에 대한 이론적 사상, 그러므로 우리가 살고 있는 시대에 대한 사상도 역시 각기 다른 시간 동안 전혀 다른 형태를 띠는, 그러므로 전혀 다른 내용을 지니는 역사의 산물이다."(엥겔스, 《반듀링론 *Anti-Dühring*》, 1876)

9. "인간들이 빠질 수 있는 모든 오류는 (…) 결코 잘못된 추론에서 생기는 것이 아니라 오로지 잘못 이해한 몇몇 경험들을 허락했기 때문에, 혹은 우리가 근거 없이 경솔하게 판단했기 때문에 생긴다."(데카르트, 《영혼의 방향을 정하기 위한 법》(사후 출판), 1701)

10. "두번째로, 인간은 자신의 실제 행동을 통해 스스로를 구축한다. 왜냐하면 자신에게 즉시 부여된 바, 외부에서 그에게 제공하는 바를 통해 자기 자신을 깨닫고 스스로를 인정하도록 부추겨지기 때문이다."(헤겔, 《미학 *Esthétique*》(사후 출판),

1832)

11. "철학자들은 서로 다른 방식으로 세상을 해석할 뿐이다. 이것이 세상을 바꾸는 일이다."(마르크스, 《포이어바흐에 대한 테제 *Thèses sur Feuerbach*》(사후 출판), 1932)

12. "감각은 실수하지 않는다. (…) 이는 감각이 늘 옳은 판단을 내리기 때문이 아니라 전부를 다 판단하지 않기 때문이다. 오성의 힘으로 오류가 다시 한번 무너지게 되는 것이다."(칸트, 《순수이성비판》, 1781)

13. "유클리드는 잘 이해했고, 실험과 감각적인 영상을 통해 널리 알려진 바를 종종 이성을 이용해 증명한다."(라이프니츠, 《인간의 이해에 대한 새로운 에세이》(사후 출판), 1765)

14. "유클리드의 방법은 놀라운 부조리에 다름 아니다. 일부 러든 방법적으로든 사람들이 따르는 아주 커다란 오류, 유클리드의 방법을 통해 일반적인 동의를 얻는 오류——그것이 생활에 관련된 것이든 학문에 관련된 것이든——는 현재 유행하는 철학에 그 원리를 둔다."(쇼펜하우어, 《의지와 표상으로서의 세계 *Le monde comme volonté et comme représentation*》, 1818)

15. "우리는 이성의 배타적인 규율대로 살기 위해 대중을 이끌 수 있을 거라는 환상도, 공공 분야에 사람들을 끌어들일 수 있다는 환상도 키우지 않을 것이다."(스피노자, 《정치론 *Tractatus Politicus*》(사후 출판), 1677)

16. "그리고 대부분의 사람들은 그들이 이 분야에서 몇 걸음 나아가기 위해 보통 추론 과정을 행하기는 해도(예를 들어 어느 지점에 이르는 수를 다루면서) 현재의 삶에서는 거의 그렇지 않다(…)."(홉스, 《리바이어던 *Leviathan*》, 1651)

어떤 예나 개념이 문제가 될 경우 우리의 생각을 이해하고, 설명하고, 정당화하기 위해 추론하고 깊이 파고들어야 한다. 이성이 매번 모순의 피신처가 되는 것 같지는 않다. 모순은 사물에서 오는 것일까, 아니면 이성 자신이 사물을 모순으로 이끄는 것일까? 이성은 감각의 산물에 위배되는가, 아니면 이성이 스스로 자기 모순을 저지르는 것일까? 감각의 경우가 이성의 보편성보다 우위에 있는 걸까? 비록 기하학에서 이성이 믿을 만한 것처럼 보인다 하더라도 모든 분야에서도 그럴까? 이러한 딜레마에는 실천과 이론 사이의 갈등이 있다. 하지만 사유에서만 모순이 생길 경우 합리적 추론을 포기해야 할까?

개념 도구들

예(Exemple): 같은 층위의 사실들로 이루어진 일반적인 범주에 속하는 특수한 경우나 사실.

범주(Catégorie): 같은 유의 개념들이나 사실들 전체를 재배치시키는 일반적 개념.

분석(Analyse): 구성 요소들을 나누기 위해 전체를 쪼개는 지적·물리적 작용.

종합(Synthèse): 처음에 나누어져 있었던 것을 통합하거나 모으는 지적·물리적 작용.

문제, 문제 제기(Problématique): 일련의 문제들이나 이 문제들 사이를 이어 주는 가설의 형식으로 근본적인 문제를 적절하게 드러낸다.

전반적인 어려움과 제시된 성찰의 관건들을 드러내는 전체이다.

기본적인 문제를 제기하는 역설적인 성격의 질문이나 명제를 말한다.

변증법(Dialectique): 겉으로 보기에 모순되는 것처럼 보이는 명제들을 끌어와 새로운 명제를 제시하기 위해 이러한 모순들을 기초로 삼는 사고 과정이다. 이 새로운 명제는 처음의 모순을 축소, 해결하거나 명확히 한다.

논리(Logique): 모순이 없는 추론의 인과 관계. 추론 과정의 다당한 조건들을 결정하는 것이 논리의 여러 기능 가운데 하나이다. 참과 거짓을 구분하는 판단을 목적으로 삼는 학문을 논리학이라고 한다.

설명하다(Expliquer): 한 개념이나 사실로부터 함축된 바를 강조하는 것. 이유를 설명하고, 세부 사항을 설명하며, 분석하고 내용을 발전시켜 명확히 한다.

정당화하다(Justifier): 의심스러운 명제의 진실성을 입증하고, 설명이나 증명으로 거기에 타당성을 부여하는 것을 말한다.

비합리적인(Irrationnel): 이성에 무지한 것을 말하며, 이성에 반대된다. 설명하거나 정당화할 수 없다.

8 이성과 판단

빅 토 르 요전의 대화 때 끝까지 가지 않았다는 느낌이 들어.

엘로이즈 어떻게?

빅 토 르 한편으로는 이성이고, 다른 한편으로는 감각의 경험에 대해 말야. 하지만 이 둘은 서로가 상대방 없이는 존재할 수 없는 것 같아.

❗ 합(合)의 착각

이 둘을 나눌 수 없다고 주장하면서 서로 다른 두 요소를 나란히 놓을 수는 없다. 이 둘이 왜 관계를 맺어야 하는가를 분명하게 나타내야 한다.

엘로이즈 그런 의도라면 나도 충분히 공감해. 하지만 어떻게 그 둘을 다시 잇지?

빅 토 르 모르겠어. 하지만 그 둘이 필요해.

엘로이즈 문제를 분석해 보자.

빅 토 르 내 생각에 이성은 기하학에만 있는 게 아닌 것 같아. 일상 생활에서도 마찬가지지. 현실을 이해하기 위해 우리는 추론을 하니까.

엘로이즈 어떤 목적으로?

빅 토 르 아무 목적도 없어. 내 생각에 사람은 그런 거 같아. 비록 그걸 이해하지는 못해도, 그리고 싶지 않아도 말야. → 인용문 1

문제 제기 23: 이성이 무의식적일 수 있는가?(텍스트 p.163)

❗ 일치성 상실

앞에서 나온 '현실을 이해하기 위해 우리는 추론을 하니까' 라는 명제를 발전시켜야 함에도 불구하고 이 명제는 잊혀져 버렸다. 그래서 '아무 목적도 없어'라는 대답의 모순이 생긴다.

엘로이즈 그럼 넌 왜 '현실을 이해하기 위해 우리는 추론을 하니까'라고 단정하니?

빅 토 르 내가 너무 성급했네. 네 말이 맞아. 사실 나는 이성이 감각과 같다고 말하고 싶어. 우리가 추론을 하고 사물을 지각하면 당연히 현실을 알게 되지. 알기 위해서는 이 둘이 필요한 거야. → 인용문 2,3

엘로이즈 그럼 오로지 알기 위해서?

빅 토 르 다른 건 모르겠는데.

이성과 감각의 유일한 목적인 인식(앎)은 이 둘의 기능을 제약하는 시각이다. 좀더 뒤에 가서 알게 될 것이다.

엘로이즈 그렇다면 넌 살아 있는 백과사전이로구나!

빅 토 르 왜 날 비웃니?

엘로이즈 너라는 존재 전체가 그럼 오로지 인식을 향해서만 가니?

빅 토 르 물론 아니지!

엘로이즈 그럼 다른 건 또 뭐가 있는데?

빅 토 르 행동도 하지. 하지만 그건 같이 이루어지는 거야. 행동하고 아는 것, 행동과 이성이 말야! → 인용문 4,5

행동과 인식이 아무 논거도 제시하지 않고, 이 둘의 모순될 수도 있다는 점도 전혀 생각지 않고 함께 이루어진다고 확신하는 것은 너무 경솔하다.

엘로이즈 확신해?

빅 토 르 아니, 사실은 아냐. 또 좀 성급했나 봐.

문제 제기 6:
감각을 통한 지각만으로
충분히 알 수 있을까?
문제 제기 13

❶ 단순화시킨 사고

문제 제기 24:
추론과 행동은 대립하는가?(텍스트 p.164)

❶ 합(合)의 착각

엘로이즈 그럼 행동은?

빅 토 르 이성이 우리를 행동으로 이끈다는 건 맞아. 감각과는 반대지. 그건 지각하니까. 감각은 우리에게 정보를 주고, 보다 주관적인 이성은 거기에서 행동을 돕는 결론을 끌어내. → 인용문 6,7

문제 제기 7:
이성의 반대말은 감각보다는 인간일까?(텍스트 p.144)
문제 제기 11,16,24

엘로이즈 이성은 어떻게 작용하는데?

빅 토 르 해서 더 좋은 일이 뭔지 우리에게 알려 주지.

엘로이즈 감각은 그렇지 않아?

빅 토 르 아니, 그건 수동적이야.

엘로이즈 만일 네가 가시에 찔리면?

빅 토 르 그래, 이미 알고 있어. 감각 역시 우리에게 행동을 일으켜. 게다가 우리는 아주 자주 손을 써서 행동하지. 우리의 생각을 쓰기 위해서 그런 것처럼 말야. 감각 기관들 때문에 우리는 빈번히 행동하게 되지. 우리의 감각 기관은 우리가 해야 할 게 뭔지를 우리보다 더 잘 알고 있어. 예를 들어 봐. 눈을 보호하기 위해 저 혼자 깜박이는 눈썹도 그렇잖아. → 인용문 8

문제 제기 17:
우리는 감각의 노예인가?(텍스트 p.154)
문제 제기 16,23

엘로이즈 이제 이성과 감각의 차이를 알겠니?

빅 토 르 결국 이 둘은 아주 비슷하네. 이 둘 다 우리에게 정보를 주고, 우리를 안내하고, 우리들에게 영향을 끼치고, 우리로 하여금 행동하게 만들어. 하지만 그래도 우리에게 우리가 뭘 해야 하는지 알려 주는 건 특히 이성인 것 같구, 영향을 끼치는 건 감각인 것 같아.

엘로이즈 어째서?

빅 토 르 예를 들면 이성은 우리에게 선과 악이 뭔지를 규정하니까. 그런 게 도덕이지.

엘로이즈 그럼 감각은?

빅 토 르 감각은 우리에게 좋고 나쁜 게 뭔지를 말해

문제 제기 16:
지각하는 것은 단순히 수동적인 행위일까?(텍스트 p.153)
문제 제기 11,24

쥐. 결국 좀 비슷해. 이 둘은 우리의 행동을 일으키고, 우리를 안내하지만 같은 식은 아니야. → 인용문 9

엘로이즈 그럼 공통점은 뭔데?

빅 토 르 이 둘 다 판단을 내린다고 말하겠어. 하지만 앞에서 말한 것처럼 난 판단이라는 말은 그다지 맘에 안 들어.

엘로이즈 그건 왜?

문제 제기 1:
이성을 추론으로 요약할 수 있을까?(텍스트 p. 137)
문제 제기 2,19

빅 토 르 판단해서는 안 돼! 만일 판단하면 토론은 더 이상 가능하지 않으니까. 결국 우리는 논쟁으로 끝날 거야. 판단을 한다는 것, 그건 추론하는 게 아니야. 그건 확신하는 거야, 이유를 대지 않으니까. → 인용문 10,11

❶ 독단적인 확신

최소한의 정당화도 없이 판단을 금할 수는 없다.

엘로이즈 그런 생각은 어디에서 나왔는데?

빅 토 르 그 점에 관해서는 너도 동의해야 할걸. 판단에는 편견이 따르니까, 다시 말해 선입관이 있다는 거야. 그러니까 추론이 아니지.

❶ 잘못된 명증

'판단'과 '추론'의 대립이 '판단'과 '편견'의 동등성처럼 확실한 것으로 제시될 수 없다.

엘로이즈 어떻게 그런 확신을 하게 됐는데?

빅 토 르 명백하니까, 그러니 사실이지!

엘로이즈 그건 판단이 아니니, 그렇게 확신하는 게?

빅 토 르 그럴지도 모르지. 하지만 그게 옳고 그르다고는 말하지 않아. 내 말에는 도덕적 판단이 없다구.

❶ 의미 변화

'판단'과 '도덕적 판단'을 같은 것으로 보고 있다. 어떠한 정당화도 없이 이를 단번에 받아들일 수는 없다.

엘로이즈 하지만 '도덕'이라고 말했잖아?

빅 토 르 맞아, 네 말이 옳아. 하지만 보통 우리는 이 둘을 다같이 두잖아.

엘로이즈 그럼 그걸 도덕적 판단이라고 치자.

빅 토 르 무슨 권리로! 도덕은 이성과 상반되는데. →
인용문 12,13

문제 제기 5:
도덕은 이성의 산물인
가?(텍스트 p.142)

❶ 잘못된 명증

최소한의 타당한 논거도 없이 도덕적 판단을 금하기로 결정할 수는 없다.

엘로이즈 도덕적 판단을 막으면서 네가 한 건 뭔데?

빅 토 르 그래, 하지만 난 네 성격을 판단하지는 않았어, 네가 말한 것만 판단했지!

엘로이즈 거기에서 다시 넌 판단은 반드시 도덕적이라는 생각을 하지? 게다가 판단이 사람에게 영향을 끼친다는 생각도?

빅 토 르 내가 좀 바보 같다는 느낌이 든다는 건 인정해. 하지만 그건 모든 사람들이 말하는 거야.

엘로이즈 똑같은 사람인데, 왜 우리는 사람을 판단할 수 없지?

빅 토 르 편견과 인종주의 성차별주의에 쉽게 빠지니까.

❶ 의미 변화

'……의 말을 판단하다' '한 사람을 판단하다' '편견' 같은 것들이 아무런 정당성 없이 뒤섞이고 있다.

엘로이즈 말해 줘…….

빅 토 르 좋아! 아무 말도 하지 마! 난 문제를 이해했고, 네가 나한테 물어보려는 게 뭔지 이미 알고 있어. '무슨 권리로 어쩌고저쩌고 하지?' 아니야?

엘로이즈 그럼, 그런 판단에서 뭘 끌어내는데?

빅 토 르 사실 우리가 말하고 있는 대상들이 좋은지 나쁜지는 말할 수 있지.

엘로이즈 단지 그것들이 좋은지 나쁜지만?

빅 토 르 아니, 그게 사실인지, 존재하는지, 쓸모 있는지, 그리고 다른 사실들도 말야. 또 그게 아름다운지도.

엘로이즈 그걸 어떻게 판단해?

빅 토 르 물론 이성으로 판단하지! 하지만 제대로 판단하는 경우는 별로 없고, 잘못 판단하는 일이 많아……. → 인용문 14,15

문제 제기 8:
이성은 믿을 수 있는 것일까?(텍스트 p.145)
문제 제기 3,5

❗ 성급함

이성은 우리가 판단하기 위해 쓸 수 있는 유일한 수단이 아니다. 앞에서 나온 말들이 언뜻 내비치는 것들도 있으니까 말이다. 감각, 편견 같은 것들이 그런 예일 것이다.

엘로이즈 어떤 사물이 아름답기도 한지 아닌지를 말하려면?

빅 토 르 아마 이성이 조금만 작용해도 알 수 있지. 하지만 아름다움에 대해 판단하는 건 특히 눈이나 귀야.

엘로이즈 그럼 아름다운 게 뭔지 우리에게 말하는 게 감각이야?

문제 제기 25:
이성 없이도 아름다움을 포착할 수 있을까?(텍스트 p.166)

빅 토 르 사실 아름다움에 대해서는 원래 이성보다는 감각, 즉각성이 작용한다고 말할 수 있을 거야.

엘로이즈 그럼 소들에게 눈이 있으니 그것들도 그림을 감상하겠네?

빅 토 르 무슨 소리야! 하지만 어떤 그림 앞에서 우리가 느끼는 감정은 있지. 소들한테는 그런 게 없다고 생각되지만. 풀밭을 그린 경우를 빼고는 말야!

엘로이즈 그래?

문제 제기 14:
이성은 정신으로 이루어진 구조물 같은 것인가?(텍스트 p.151)
문제 제기 1,9

빅 토 르 사실 난 그렇게 생각하지 않아. 그림은 표현이니까. 원래 사물이 아닌 표현을 좋아하려면 지능이 있어야 해. 접근해야 하고, 관계를 맺어야 해. 바로 그게 이성이야. 사물들 사이에 있는 관계를 발견하는 거지. 우리는 그 사물들의 존재 이유와 원인, 그것들을 만들어 내는 걸 말할 수 있어. → 인용문 17,18

☼ 조작 개념의 도입

'관계' '접근'이라는 가설을 통해 지각과 관계를 맺는 이성의 기능을 설명하게 된다.

엘로이즈 그런 관계가 항상 정확하고 적합한 걸까?

빅 토 르 그렇지, 이제야 나한테 다가오는구나. 넌 내가 사물들간의 관계를 세우는 게 이성이라고, 그리고 판단을 통해 이성이 이들 관계가 옳은지 아닌지를 결정한다는 말을 했으면 하는 거야. 그러니까 이성과 판단은 한 쌍을 이루거나 상반될 수도 있는 거지.

☼ 모범적인 문제 제기

하나의 문제가 분명해진 덕택에 '이성'과 '판단'이 구분되고, 이 둘 사이의 모호성이 나타난다.

엘로이즈 그럼 감각은?

문제 제기 19:
자신의 직관을 믿는 것이 합리적인가?(텍스트 p.157)
문제 제기 3,14,23

빅 토 르 감각은 우리에게 똑같은 걸 허락한다고 말하겠어. 예를 들어 감각은 내게 바퀴벌레가 문다는 사실을 알려 줘. 그리고 그 사실을 망각하면 내가 바퀴벌레를 건드

릴 때마다 통증을 통해 다시 상기시켜 주지. 혹은 내가 나한테 너무 무거운 물건을 들 수 있다고 생각할 때도 마찬가지야. 마치 세상이 나에 대해 추론하는 것처럼, 나로 하여금 그 사실을 일깨워 주지. 그건 나와 상관없는 이성, 무의식적인 이성 같은 거야. 그건 마치 직관과 같아. 왜 내가 그 사실들을 아는지 모르지만 그래도 난 알거든. → 인용문 19

엘로이즈 그럴 때 항상 이성이 작용하니?

빅 토 르 그래, 하지만 이때의 이성은 아마 증명할 때 작용하는 이성보다 더 옳을걸. 훨씬 더 타당할 거야. 우리가 인정하는 거니까.

엘로이즈 그럼 이성은 어디에 있는데?

문제 제기 14:
이성은 정신으로 이루어진 구조물 같은 것인가?(텍스트 p.151)
문제 제기 3

빅 토 르 그건 머릿속에 있어. 하지만 바깥에 있기도 해. 그거야말로 진정한 이성이라고 생각해. 그게 사물들이 발생하는 이유지. 사물들의 원인이라구. 그리고 이런 이유들을 우리는 종종 미처 모르고 지나쳐. 그 이유들의 작은 조각들만 알아본다구. → 인용문 20

엘로이즈 제대로 대화에 들어온 것 같다! 하지만 네 머릿속에는 다른 생각이 있는 것 같은데.

빅 토 르 그래, 하지만 네가 동의하지 않을 테니 감히 말하지 못하겠어.

엘로이즈 그래도 한번 해봐.

문제 제기 12:
이성은 감지될 수 없는 것인가?(텍스트 p.150)
문제 제기 8,23

빅 토 르 철학자 여러분들이 그렇게나 좋아하는 이성이 나한테는 좀 맹목적인 것 같거든. 이성은 세상을 모르고, 감각과 감정에도 무지해. 그건 느낄 수도 없고, 게다가 스스로를 완벽하다고 믿으니까. → 인용문 21

엘로이즈 그럼 그걸 무시해야겠네?

빅 토 르 그런 말은 안했어!

엘로이즈 그럼 무슨 뜻이야?

빅 토 르 조심해야 한다는 거지, 그게 전부야.

엘로이즈 그게 다야?

빅 토 르 다른 말은 안했어.

엘로이즈 어쩌면 그럴지도 모르지, 하지만 네가 한 말이 옳다면 뭘 해야 할까?

빅 토 르 알잖아, 이성과 함께 날 거북하게 만드는 거.

엘로이즈 그게 뭔데?

빅 토 르 우리가 쓸데없는 말을 하고 있는지도 모른다는 생각이 들어. 마치 아이가 된 느낌이야, 항상 갑자기 잡히는 느낌이라구. 에이, 짜증나!

엘로이즈 이해가 안 가는데.

문제 제기 22:
이성은 자유를 이루는 요소인가?(텍스트 p.162)
문제 제기 8,24

빅 토 르 아니, 넌 잘 알고 있어. 넌 우리가 이성을 조심해야 하고, 이성이 위험하다면 그것을 제대로 인식해야 하고, 그걸 개선하기 위해, 그리고 자유로워지기 위해 이성을 실천으로 옮겨야 한다는 사실을 말했으면 하고 바라고 있어. 우리는 거기에서 벗어날 수 없어. 내가 도달했으면 하고 네가 바라는 지점이 바로 거기지. 궁지에 몰린 느낌이 들어. 각각의 생각이 감시당할 정도로 말야. 말과 개념은 너한테 아주 귀하잖아! → 인용문 22

엘로이즈 말과 개념이 귀하다, 나쁘지 않은데! 그럼 감각은?

빅 토 르 그 역시 귀한 건 사실이야. 당연히 그것에 대해서도 주의해야 하지.

엘로이즈 그렇게 생각해?

철학자들의 반응

→ 인용문의 번호는 대화를 가리킨다.

1. "항상, 어디에서나 어느 시대, 혹은 그것이 일어나는 어느 장소에서나 이해는 모든 면에서 이성을 추구한다. 이 이성 때문에 이해가 발견하는 것은 이해 그 자체이다."(하이데거, 《이성의 원리 Le Principe de raison》, 1957)

2. "인간의 지능은 흔히 이데아라고 부르는 것에 따라 행동해야 한다. 다양한 감각에서 나와 통일성 쪽으로 나아가면서 말이다. 이 둘의 조합이 성찰이란 행위다."(플라톤, 《파이돈》, 기원전 4세기)

3. "그러므로 관찰과 경험의 도움 없이 한 가지 사건을 결정하거나 한 요인이나 결과를 결론짓는다고 주장하는 것은 다 소용없는 일이다."(흄, 《인간의 이해력에 관한 철학 논고》, 1748)

4. "단호하고 완전히 받아들이면서 행동하는 것은 인식과 의지, 존재의 합일을 추구하는 것이다."(블롱델, 《철학에 대한 프랑스 사회의 소책자 Bulletin de société française de philosophie》, 1902)

5. "원래 우리는 행동하기 위해서 생각한다. 우리의 지성이 흐르는 곳은 행동이라는 틀 속이다. 사유는 사치다, 반면에 행동은 필수적이다."(베르그송, 《창조적 진화 L'Évolution créatrice》, 1907)

6. "이제 우리에게는 순수한 인식과 경험적 인식을 분명히 구분하게 해주는 기준이 필요하다. 경험은 우리에게 어떤 사물이 어떠한 방식으로 이루어졌는가를 잘 알려 주지만, 이 사물

이 다른 식으로 될 수 있다는 건 전혀 알려 주지 않는다."(칸트, 《순수이성비판》, 1781)

7. "우리의 모든 인식은 감각, 특히 촉감에서 온다. 그것이야말로 다른 감각을 가르치기 때문이다."(콩디야크, 《동물론 *Traité des animaux*》, 1754)

8. "하지만 보다 위대한 것, 그것은——그것을 당신은 믿고 싶어하지 않지만——당신의 몸과 그 몸의 거대한 이성 체계이다. 그는 나에게 말하지 않는다. 하지만 그는 행동하는 나다."(니체, 《차라투스트라는 이렇게 말했다 *Also sprach Zara-thustra*》, 1891)

9. "(…) 감각의 인상과 혼동하는 데 익숙한 모든 판단들 (…)."(콩디야크, 《감각론 *Traité des sensations*》, 1754)

10. "인간은 무엇보다도 판단하는 동물이다."(니체, 《비극의 탄생 *La Naissance de la tragédie*》, 1872)

11. "거짓과 참을 제대로 판단하고 구별하는 힘은 본질적으로 상식 혹은 이성이라는 이름을 가진 것으로 당연히 모든 인간들이 똑같이 갖고 있는 것이다."(데카르트, 《방법서설》, 1637)

12. "도덕은 스스로가 정신적이라는 사실을 알리려고 하는 것이고, 그 이름 때문에 절대적으로 강요된다. 왜냐하면 지위가 높으면 덕도 높아야 하기 때문이다. 도덕에는 존엄성에 대한 감정 이외에 다른 것은 없다."(알랭, 《칸트에게 보내는 편지 *Lettres à Kant*》, 일곱번째 편지)

13. "(…) 노예들의 도덕이 생기기 위해서는 대립하는 세계, 외부 세계가 항상, 그리고 다른 무엇보다도 필요하다. (…) 그의

행동은 사실 어떤 반응이다."(니체, 《도덕계통학 *Zur Genealogie der Moral*》, 1887)

14. "판단은 원래 한 사물이 이러저러하다는 믿음이 아니라 한 사물이 이러저러해야 한다는 의지이다."(니체, 《비극의 탄생》, 1872)

15. "표상들을 하나의 의식 속에 모으는 것, 그것이 판단이다. 생각한다는 것, 그것은 그러므로 판단하는 것이다(…)."
(칸트, 1724-1804)

16. "기분 좋은 것에는 이성이 없는 동물들에게조차 가치가 있다. 아름다움은 인간에게만, 다시 말해 동물적이면서도 이성적인 존재들에게만 가치가 있다."(칸트, 《판단력비판》, 1790)

17. "모든 사물은 그것들끼리 성스러운 매듭으로 결합된다. 그리고 관계가 없는 것들은 거의 없다."(마르쿠스 아우렐리우스, 《명상록》, 서기 2세기)

18. "겉으로 보기에 혼란스럽고 불확실해 보이는 현상들, 이를테면 비·구름·천둥의 특징 같은 것들조차 (…) 이유 없이 일어나지 않는다. 단지 예측하지 못했을 뿐이다."(세네카, 《섭리에 대하여 *De la providence*》, 서기 1세기)

19. "모든 존재들은 함께 어울린다. 그들은 동일한 세계의 조화를 위해 다툰다. 또 거기에는 하나의 세계만이 있는데, 그 세계는 모든 것을, 모든 것들 속에 있는 유일신을, 유일한 질료를, 유일한 법과 지능을 가진 존재라면 공히 지니고 있는 이성을 다 아우른다(…)."(마르쿠스 아우렐리우스, 《명상록》, 서기 2세기)

20. "자연을 해석하고 사용하는 인간은 관찰을 통해서든, 성찰을 통해서든 사물의 자연적 질서를 발견하는 경우에만 자신의 지식과 행동의 지평을 넓힌다. 그 이상 그는 알 수도 없고, 그 이상은 아무것도 될 수 없다."(베이컨, 《신기관 *Novum Organum*》, 1620)

21. "자신에게 부여된 이성 덕택에 인간은 마치 자기 자신에게서 그런 것처럼 자기 동족에게서 존엄성을 느낄 수 있다(…)."(프루동, 《혁명과 교회에서의 정의를 위하여 *De la justice dans la Révolution et dans l'église*》, 1858)

22. "규정의 오류는 계산이 진척됨에 따라 저절로 많아지고, 이러한 오류는 결국에는 인간을 인간 스스로가 깨닫게 되지만 계산을 처음부터 다시 해야만이 자유로워질 수 있는 부조리로 안내한다. 그 오류의 토대가 맨 처음에 있기 때문이다."(홉스, 《리바이어던》, 1651)

요 약

이성의 기능은 인식할 수 있는 능력만으로 제한되지 않는다. 거기에는 실제적인 용도가 있다. 다시 말해 이성은 행위에 있어서 중요한 행동 규범들을 말해 주기도 한다. 사람들은 이성을 감성에 대립시키지만, 감성 역시 우리가 행위함에 있어서 유용한 요소들을 제공한다. 판단은 이성이나 경험을 통해 만들어진 관계들을 토대로 행해지고 세워진다. 이때의 관계들은 다른 무엇보다도 선과 악, 참과 거짓을 구분한다. 이성은 미학의 영역에 개입하기도 한다. 그것은 우리가 경험하는 아름다움을 구성하기 위해 감각과 결합한다. 하지만 이성이 세상에 나타난다 해도, 그것이 세상과 밀접한 관계를 맺고 있다 해도 이성의 전능한 겉모습을 무시하는 편이 더 낫다. 그러려면 이성을 제대로 알고 작동시키는 편이 더 좋을 것이다.

개념 도구들

판단(Jugement): 긍정적으로든 부정적으로든 주어진 용어들간의 관계를 제시하는 사고의 자발적 기능이다. 이러한 판단은 도덕·미학적·지적 혹은 여타의 차원이 된다. 정신이 이러한 기능을 할 수 있도록 돕는 기능을 지칭할 수도 있다.

추상(Abstrait): 어떤 개념, 속성에 관해 이야기되어지는 것. 이 개념, 속성이 구성하는 전체에 대한 사고에 의해 추출되고 그것을 벗어나면 현실 세계에서는 존재하지 않는다.

구체(Concret): 어떤 사물, 존재에 관해 이야기되어지는 것. 감각으로 파악될 수 있다. 일반성보다는 개별성을 지칭한다.

표상(Représentation): 정신에 있는 것으로 한 사물에서 끌어낼 수 있는 개념과는 다르다. 어떤 개념을 만들어 내면서, 혹은 그것이 가리키는 다른 사물을 대신하는 한 사물을 만들어 내면서 나타난다. 표상에는 표현과 표현되는 내용 간의 유사성이 전혀 필요없다. 반대로 재현이 필요하다. 예를 들면 저울은 정의를 나타낼 뿐 재현하지는 못한다.

텍스트 II

대화중에 제시된 문제 제기와 관련한 텍스트들

쇼펜하우어

《항상 옳을 수 있는 기술》(1689, 사후 출판), D. 미에르몽 번역, 천일밤, 아르템 파야르출판부, 2000, pp.7–9.

문제 제기

1 이성을 추론으로 요약할 수 있을까?

변증법적 논쟁술은 논쟁하는 기술이고, 있을 수 있는 모든 수단(per fas et nefas)으로 우리가 항상 옳기 위한 것이다. 사실 우리는 논쟁에서 다른 참여자들이 보기에, 또 가끔은 자신이 보기에도 전혀 그르면서도 자기 자신이 옳다고 할 수 있다. 사실 나와 논쟁하는 상대방이 내가 제시한 증거를 반박하고, 다른 여러 가지 증거들로 뒷받침될 수 있는 나의 확신 자체를 반박할 때——이럴 경우 잘 알려진 바와 같이 이러한 관계는 내 상대방의 입장에서 정반대가 된다. 즉 그가 객관적으로 잘못했어도 그는 전적으로 옳게 되는 것이다. 그러므로 어떤 명제의 객관적 진리와 상반된 견해를 지닌 사람들과 듣고 있는 사람들이 동의한다는 차원에서 이 명제의 타당성은 전혀 다르다(변증법은 후자와 관련이 있다).

이런 일은 어디에서 생기는 걸까? 그것은 바로 인류가 천성적으로 보잘것없다는 사실에서 생긴다. 그렇지 않은 경우라도, 우리가 명예롭더라도 우리는 모든 논쟁에서 진리를 나타내려고만 애쓴다. 진리가 처음에 우리가 지지했던 견해나 상대방이 지지했던 견해에 부합하는지는 알려고 하지 않으면서 말이다. 어쩌면 그 자체는 무가치한 것이거나, 적어도 부차적인 것일지도 모른다. 하지만 본질은 그 다음에 온다. 지적 작용 안에 있는, 특별히 민감한 자만심은 우리의 확신이 거짓으로 드러나고 상대방이 옳다고 판명되는 것을 인정하고 싶지 않다. 그 결과 각자는 공정한 판단만을 표현하려고 애쓰게 된다. 이는 처음에는 사유하기를, 그 다음에는 말하기를 부추긴다. 하지만 대부분의 사람들에게 그들이 갖고 있는 자만심에는 객설과 불성실이 필요하다. 그들은 성찰하기 전에 말해 버리고, 비록 그들이 자기들의 확신이 거짓이며 자신들이 잘못을 저질렀다는 사실을 갑자기 이해하더라도 겉으로 보기에는 그 반대처럼 행동해야 한다. 참이라고 가정한 명제를 확신할 때

아마도 흔히 그들을 이끄는 독특한 동기임에 틀림없는, 진리에 대한 그들의 관심은 자기들의 자만심에 대한 관심 앞에서 온데간데없이 사라지고 만다. 참은 거짓처럼 보이고, 거짓은 참처럼 보이기 마련이다.

핵심을 이해했는가?

1. 진리는 늘 추론을 통해 성립되는가?
2. 추론을 할 때 우리에게는 어떤 목적이 있을까?
3. 추론 과정에 이성이 필요한가?

문제 제기

2 이성이 신념의 체계를 이룰 수 있을까?

파스칼

《팡세》(1657), L. 브룬슈빅이 확인한 원문, 제4항의 n° 282, GF-플라마리옹 출판사, 1976.

우리는 이성을 통해서뿐만 아니라 가슴을 통해서도 진리를 깨닫는다. 우리가 제1의 원리를 깨닫는 것은 후자와 같은 것을 통해서이고, 거기에 전혀 참여하지 않는 추론 과정이 이 제1의 원리를 무너뜨리려고 애쓴다 해도 다 소용없는 짓이다. (…) 우리는 우리가 전혀 꿈꾸지 않는다는 사실을 알고 있다. 우리가 이성으로 입증하는 무기력은 우리의 지식이 주장하는 것처럼 모든 지식은 불확실하다는 사실에 도달하는 것이 아니라, 우리 이성의 나약함에 도달할 뿐이다. 왜냐하면 공간과 시간, 움직임과 숫자(들)가 있는 것처럼 제1의 원칙들을 깨닫는 것 역시 우리의 추론 과정이 우리에게 제공하는 사실들만큼이나 확실하기 때문이다. 그리고 이성이 기대야 하는 것, 이성이 자신의 담론 전체의 기반으로 삼아야 하는 것은 진실하고도 직관적인 이러한 인식이다(우리는 공간에 세 가지 차원이 있다는 것과 수가 무한하다는 사실을 가슴으로 느낀다. 그리고 나서 한 숫자가 다른 숫자의 두 배가 되는 제곱수는 2의 제곱 말고는 존재하지 않는다는 것을 이성을 사용하여 증명한다. 원리는 스스로 느끼고, 명제들은 스스로 결론에 이른다. 그리고 전체는 서로 다른 방법을 통한다 해도 확실하다). 또한 이성이 이 원리에 동의하려고 가슴으로부터 제1의 원리의 증거를 요구한다는 것은 쓸모없는 짓이기도 하고 우스꽝스럽기도 하다. 이성이 증명하는 모든 명제들을 받아들이기 위해 가슴이 이성으로부터 이들 명제의 감정을 요구한 것이 우스꽝스러운 만큼 말이다.

그러므로 이러한 무기력은 모든 것에 판단을 내리려는 이성에게 모욕을 줄 뿐이지, 이성만이 우리를 가르칠 수 있다는 우리의 확실성을 무너뜨리지는 않는다. 오히려 신이라면 그럴 수 있을 것이다. 하지만 우리는 그럴 필요가 전혀 없다. 우리는 직관 또는 감정으로 모든 사물들을 알기 때문이다! 하지만 자연은 우리에게 이러한 덕목을 거부해 왔다. 자연은 반대로 그런 종류의 지식을 지극히 조금만 우리에게 허락했다. 다른 모든 것들은 추론 과정을 통해서만 획득되어질 수 있다.

그리고 이것이야말로 신이 진실한 감정으로 종교로 이끈 사람들이 행복한 이유이고, 그들이 매우 타당하게 설득당하는 이유이다. 하지만 그렇지 않은 우리들은 추론 과정을 통해서만 (그들에게) 종교를 설명한다. 진실한 마음이 없는 믿음이란 인간적인 것에 불과하고, 진실한 마음 없이는 구원받을 수 없기 때문에 신이 그들에게 진정한 마음을 통해 종교를 내려 주기를 기다리면서 말이다.

핵심을 이해했는가?

1. 이성이 모든 것을 증명할 수 있을까?
2. 증명되지 않은 것은 확실하지 않은 것인가?
3. 특별한 어떤 대상들을 위해서는 한 가지 신념에 만족해야 하는가?

문제 제기

말브랑슈

《진리를 향한 추구》
(1674), 열번째 주해, 전
집, 제1권, 플레야드 총
서, 갈리마르 출판사,
1979, pp.902~903.

3 이성은 보편적인가?

모든 인간들이 진실을 알 수 있다는 사실을 인정하지 않는 사람은 없다. 그리고 명석하지 못한 철학자들조차 인간이 자신들이 아직 뭐라고 결정하지 못한 이성 같은 것에 참여한다는 사실에 동의한다. 이것이 그들이 인간을 RATIONIS particeps[1]로 정의하는 이유다. 왜냐하면 보통 무엇이 보편적 이성을 함축하는지는 모른다 해도 인간의 본질적인 차이가 인간이 보편적 이성으로 행하는 필수적인 결합 속에 있다는 사실을, 그리고 그것을 발견하는 일에 대해 거의 걱정하지 않는다는 사실을 적어도 막연하게라도 알지 못하는 사람은 없기 때문이다. 여기 그 예가 있다. 2 곱하기 2는 4이고, 네 친구를 그 친구의 개보다 더 좋아해야 한다. 나는 나만큼 그걸 잘 볼 수 있는 사람은 어디에도 없다고 확신한다. 그런데 다른 사람들의 생각에서 나는 이런 진실들을 전혀 발견할 수 없다. 다른 사람들이 내 생각에서 그것들을 발견하지 못하는 것처럼 말이다. 그러므로 내 생각을 밝혀 주는 보편적인 이성이 있어야 하고, 그리고 거기에 지성이 있어야 한다. 비록 나의 의논 상대인 이성이 중국 사람들의 그것과 같지 않다면 나는 분명 중국 사람들이 나처럼 생각한다는 점을 보장할 수 없을 것이기 때문이다. 그리하여 우리 자신으로 되돌아갈 때 우리가 참조하는 이성은 보편적인 이성이다. 난 우리가 우리 자신에게로 돌아갈 때라고 말한다. 여기에서는 열정에 사로잡힌 인간이 추종하는 이성에 대해 말하는 것이 아니기 때문이다. 한 인간이 마부보다 말의 목숨을 더 귀히 여길 때 그에게는 그럴 만한 이유가 있다. 하지만 그것은 이성적인 인간이라면 모두가 두려워하는 특별한 이유들이다. 이는 저변에 있는 비합리적인 이유들로, 이이유들은 최고의 이성에 혹은 모든 인간들이 참조하는 보편적

---

1) 이성을 나누어 가진 동물, 이성에 참여하는 동물.

핵심을 이해했는가?

1. 중국 사람들의 예를 통해 말브랑슈는 무엇을 보여 주려고 하는가?

2. '이성'이라는 말이 합리적이다, 혹은 나름의 이유가 있다라고 말할 때와 같은 의미인가?

3. 이성과 열정을 형식적으로 구분하는 것은 무엇인가?

문제 제기

데카르트

《영혼의 방향을 정하기 위한 법》(1628), J. 세르뱅 번역, 브랭 출판사, 1970, pp.11-13.

4 권위적 추론은 이성에 일치하는가?

예전에 성공적으로 이루어진 발견들을 알기 위해서든, 모든 학문 분야에서 아직도 남아 있는 발견해야 할 것들에 대한 정보를 얻기 위해서든 그토록 수많은 사람들의 저작을 이용하는 일이 우리에게 매우 도움이 될 때 우리는 고대인들의 책들을 읽어야 한다. 그러나 매우 주의해서 이런 책들을 읽을 때 몇 가지 오점들을 축소시킬 수도 있는 치명적인 위험이 있다. 이 오점들은 어떤 저항을 하든, 어떻게 주의하든 우리와 관련된 것이다. 사실 작가들이 보통 논쟁중에 비판적인 입장을 취해야겠다는 성급한 맹신에 이끌릴 때마다 그들은 늘 우리로부터 가장 미묘한 논거들을 끌어내려고 애쓰는 성향이 있다. 반대로 그들이 다행스럽게도 뭔가 확실하고 자명한 것을 발견할 때마다 단순해 보이는 자신들의 이유들 때문에, 혹은 그들이 우리의 솔직한 진실을 질투하기 때문에 자신들이 그것을 발견해 냈다는 공로가 감소되지는 않을까 하는 두려움 속에서 그들은 절대로 우회적 표현을 쓰지 않으면서 그 사실을 내보이려고 한다.

그래도 그들은 매우 고귀하고 솔직한 사람들일 것이다. 우리로 하여금 진실이 되기에 의심스러운 것들을 억지로 받아들이도록 하지는 않으면서도 우리에게 모든 선의를 내보이기 때문이다. 마치 어느 한 사람이 어떤 생각을 진척시키자마자 다른 사람이 그에 반대되는 개념을 제시하는 것처럼 말이다. 우리는 결코 이 둘 중 어느것도 믿을 수가 없을 것이다. 그리고 가장 많은 수의 저자들이 확신하는 견해를 따르기 위해 표를 세는 것은 결코 도움이 되지 않을 것이다. 어려운 문제가 달려 있다 해도, 많은 수의 사람들이 발견한 쪽보다는 적은 수의 사람들이 발견한 진실이 더 믿을 만하기 때문이다. 모든 사람들이 동의한다 해도, 우리를 만족시키는 것은 그들의 가르침이 아니다. 예를 늘어 우리가 다른 사람들이 한 모든 증명 과정을 다 기억하고 있더라도, 만일 우리의 정신이 모든 종류의 문제들을 해결할 수 없다면 우리는 결코 수학자가 될 수 없을 것이다. 플라톤과 아리스토텔레스의 모든 추론 과정을 읽었다 해도, 우리 앞에 제시된 것에 대해 견고하게 판단 내리지 못한다면 우리는 철학자가 될 수도 없을 것이다. 그래서 결국에는 학문이 아니라 이야기를 이해하는 것처럼 보일는지도 모른다.

핵심을 이해했는가?

1. 고대인의 저서를 읽음으로써 우리의 이성이 형성될 수 있을까?
2. 우리가 고대인들의 권위를 믿을 수 없는 두 가지 주된 이유는 무엇인가?
3. 고대인들의 권위로 충분치 않다면 우리는 어떻게 진실을 추구해 나갈 수 있을까?

문제 제기

베르그송

《도덕과 종교의 두 원천》(1932), 〈4두2륜전차〉, PUF, 여덟번째 판본, 2000, pp.86–88.

5 **도덕은 이성의 산물인가?**

도덕적 삶은 합리적 삶이 될 것이다.

세상 사람들은 이 점에 동의할 것이다. 하지만 도덕적 행위의 합리적 특성을 증명해 주는 것에 관해 말하자면 도덕에 기원이 있다는 사실, 혹은 순수 이성 속에 그 토대가 있다는 사실에 동의할 수는 없을 것이다. 확실한 질문은 의무를 행하기 위해 어쩔 수 없이 이끌리게 되는 것으로는 턱없이 부족한 경우들에 왜 우리가 복종해야 하는가를 아는 일이다.

내가 몹시 바라는 바처럼 이성이 말해 준다고 치자. 하지만 이 이성이 이성이라는 이름으로 독특하게 나타난다면, 이 이성이 그 뒤에서 지탱해 주는 어떤 힘들이 합리적으로 형성하는 것과는 다른 것을 행한다면, 이성은 어떻게 열정이나 이익을 상대로 싸울 수 있단 말인가? 이성이 그것 자체로 충분하다고 생각하면서 이를 증명해 보이겠다고 주장하는 철학자라면 말이 아니라 이러한 힘들을 다시 끌어들일 때에만 자신의 증명에 성공한다. (…) 논리를 인정하는 바탕 위에 도덕이 존재한다는 주장은 사변적인 질료인 논리 쪽으로 기우는 경향에 익숙한 이들, 즉 모든 질료에 있어서, 그리고 전 인류에게 있어서 논리가 최고의 명령으로 강요된다고 믿는 철학자들과 학자들에게서 싹틀 수 있었다. 하지만 비록 학문이 탐구되기를 바란다면 학문이 사물들의 논리와 일반적인 논리를 존중해야 한다는 사실 때문에, 그리고 학자로서 그러한 것이 학자의 관심사라는 점 때문에 우리가 보통 인간의 관심이 그런 것처럼, 혹은 인간인 학자 자신의 관심이 그런 것처럼 우리 행위에 늘 논리를 부여해야 한다는 강요로 결론을 맺을 수는 없다. 정신의 사변적 기능에 대해 우리는 대단하다는 감탄을 터뜨릴 수 있다. 하지만 철학자들이 그러한 정신의 기능만으로 충분히 이기주의와 열정을 잠재울 수 있다는 섣부른 결론을 내릴 때, 정작 그들은 우리에게 그들 자신은 어느 누구도 자기들 내면에 크게 울리는 소리를 절대로 듣지 않았다는 사실을 입증하게 된다──그리고 우리는 그러한 그들을 칭찬해야 한다──.

핵심을 이해했는가?
  1. 어떤 뜻에서 도덕이 합리적이라고 말할 수 있는가?
  2. 어떤 뜻에서 도덕이 비합리적이라고 말할 수 있는가?
  3. 합리성과 논리가 정말로 효과적이고 충분한 영역은 어떤 영역인가?

스피노자

《정치적 권위에 대한 개론서》(1677), M. 프랑세스가 번역한 전집, 플레야드 총서, 갈리마르 출판사, 1954, pp.920-921.

7 이성의 반대말은 감각보다는 인간일까?

우리는 인간이 반드시 감정에 사로잡혀 있다는 사실을 (…) 의심할 수 없을 것이다. 감정으로 구성되어 있다는 한 가지 사실에서 그들은 자기 종족들이 행복하다고 생각할 때에는 반대로 그들을 시기하기 때문에 자신들의 불행한 동족들을 동정하고, 용서보다는 보복하는 쪽으로 더 많이 치우친다. 다른 한편 각자는 다른 사람들에게 자신의 개인적인 삶의 규칙을 적용시키라 하고, 그들에게 자기 자신이 인정하는 것을 받아들이라고 하며, 자기가 거부하는 것을 거부하라고 한다. 그런데 인간들이 이와 같이 제1의 자리를 차지하기를 바라는 이상, 그들은 경쟁 관계에 들어서고 자신들의 능력이 허락하는 한에서 서로서로를 짓뭉기려고 한다. 그리고 이 싸움에서 이긴 승자는 그게 무엇이 되었든간에 자기 자신을 위해 얻었기 때문이라기보다는 타인에게 손해를 입혔기 때문에 이기게 된다. 아마 그런 식으로 행동하는 각자는 종교에서 전혀 다른 교훈을 배운다는 사실을 인정할 것이다. 즉 종교는 그에게 이웃을 자기 몸처럼 사랑하라고, 다시 말해 자신의 권리와 마찬가지로 타인의 권리 역시 철저히 존중하라고 한다. 하지만 이러한 믿음은 감정에는 아무런 효과를 일으키지 않는다. 기껏해야 죽는 순간에 그 영향이 커질 뿐이다. 이때 병자는 이미 숱한 감정들을 이긴 후로 인간이란 존재는 힘없이 신음한다. 그리고 교회에서 인간과 인간의 관계는 단절된 후이다. 하지만 이러한 믿음은 법정에서도, 권력자가 살고 있는 곳에서도 전혀 두드러지지 않는다. 반면 그것에 대한 필요는 매우 절실하다. 게다가 우리는 이성이 감정을 상대로 한 싸움에서 이길 수 있고, 감정을 눈에 띄게 절제할 수 있다는 사실을 증명했고, 또 그건 사실이다. 매번 이성이 알려 주는 길은 쉽게 나타나지 않는다. 그러므로 우리는 대중을 이끌 수 있을 거라는 환상도, 사람들이 이성적이기만 한 강령에 따라 공무에 종사한다는 환상도 키우지 말아야 할 것이다. 그렇지 않으면 우리는 시의 황금 시대, 전설에나 나오는 이야기를 꿈꿔야 할 것이다.

핵심을 이해했는가?

1. 감정 때문에 늘 사람들이 서로 대립하는가?
2. 종교는 감정에 대해 아무것도 할 수 없는가?
3. 이성 때문에 사람들은 서로 대립할 수 있는가?

문제 제기

몽테뉴

《레이몽 세봉의 변명》,
《수상록》(1580~1588)에
서, 제2권, XII장, GF-플
라마리옹 출판사, 1999,
pp.128-130.

8 이성은 믿을 수 있는 것일까?

어떤 것이 되었든 우리가 진실을 깨닫는 일은 우리에게 있는 고유의 힘을 통해서가 아니다. 신은 자신의 놀라운 비밀을 가르쳐 주기 위해, 그가 속세에서 선택한 단순하고 무지한 증인들을 통해 이러한 사실을 우리에게 충분히 가르쳐 왔다. 우리의 믿음, 그것은 우리가 우연히 손에 넣은 획득물[2]이 아니다. 그것은 타인의 관대함에서 오는 순수한 선물이다. 우리는 담화나 이해를 통해서 종교를 얻지 않는다. 그것은 강요에 의해, 그리고 낯선 명령에 의한 것이다. 이때 힘보다는 희미한 판단력이 우리에게 더 많은 도움이 되고, 통찰력보다는 맹목성이 훨씬 큰 도움이 된다. 우리가 종교적 지식에 대해 잘 알게 된 것은 학문을 통해서라기보다는 무지함을 통해서이다. 우리의 천성적이고 세속적인 방법이 이 초자연적이고 종교적인 깨달음을 간파할 수 없다 하더라도 그것은 놀라운 일이 아니다. 그저 거기에 복종하고 굴복하자. (…)

그렇다면 인간에게 자신이 추구하는 바를 찾아내는 힘이 있는지, 또 수세기 전부터 인간이 몰두해 온 이러한 탐색이 인간을 새로운 힘으로, 견고한 진리로 풍요롭게 해왔는지 확인

---

2) 얻어진 것.

해야 한다.

내 생각에 인간이 솔직히 말할 수 있다면, 그가 아주 긴 과정을 통해 얻은 획득물이란 자신의 나약함을 인정하는 법을 배우는 것이었다고 고백하는 것이다. 우리에게 천성적으로 있는 무지함을 우리는 긴 학습 끝에 확신하고 고백해 왔다. 밀이삭에게 일어나는 일은 현명한 사람들에게서도 일어난다. 밀이삭이 여물기 전에는 머리를 오만하게 꼿꼿이 세우고 몸을 일으켜 위로 뻗어간다. 하지만 이삭이 여물어 꽉 차고 커지면 스스로를 낮추고 고개를 숙이기 시작한다. 마찬가지로 노력하고 조사하며 산더미처럼 쌓인 학문 속에서, 그리고 아주 많은 다양한 사물들 속에서 엄청나고 확실한 것이라곤 전혀 찾아내지 못한 인간들은 허세를 버리고 자기들이 처한 자연스런 조건을 인정해 왔다.

핵심을 이해했는가?

1. 종교적 진실과 관련된 이성은 믿을 수 있는 것인가?
2. 이성은 자율적인가?
3. 이성적 작업과 이성적인 문화는 역설적으로 우리를 어디로 이끄는가?

문제 제기

9 이성을 논리로 환원할 수 있을까?

칸트

《순수이성비판》(1871), A. 트레메세그와 B. 파코가 번역, 〈4두2륜마차〉, PUF, 여섯번째 판, 2001, pp.76-77.

우리가 감성을 정신의 수동성, 즉 정신이 어떤 방식으로든 영향을 받기 때문에 표상을 받아들이는 능력으로 부른다면, 반대로 이해는 우리 스스로가 표상을 만들어 내는 능력 또는 인식의 즉각성이라고 불러야 할 것이다. 우리의 자연은 이와 같이 직관이 느껴질 때에만, 다시 말해 직관이 우리가 사물을 통해 영향받는 방식을 품을 때에만 완성된다. 반면에 감각적인 직관으로 사물을 생각할 수 있는 능력은 이해이다. 이 두 성질 가운데 어느쪽도 다른 하나보다 더 낫다고 할 수는 없다.

감각 없이 어떠한 대상도 우리에게 주어질 수 없을 것이고, 이해 없이는 어떠한 대상도 사유될 수 없기 때문이다. 내용 없는 사유는 공허하고, 개념 없는 직관은 맹목적이다. 그러므로 자신의 직관을 이성적으로 파악할 수 있도록 하는 것(다시 말해 직관을 개념 밑에 두는 것)과 마찬가지로 개념들을 감각적으로 만들어야 한다(다시 말해 직관 속의 대상을 감각과 결합시켜야 한다). 이 두 능력 혹은 자질은 역할을 서로 바꿀 수 없다. 이해는 직관으로는 전혀 파악이 안 되고, 감각은 전혀 사유될 수 없다. 이 둘의 결합에서만이 인식이 생겨날 수 있다. 그러나 인식은 이 둘의 속성을 강제로 뒤섞지 않는다. 반대로 이 둘을 떼어 놓고 조심스럽게 구분하기 위해서는 거대한 이성이 필요하다. 그리하여 우리는 일반적인 감성의 규칙들에 관한 학문인 미학과 일반적인 이해의 규칙들에 관한 학문인 논리학을 구분한다.

핵심을 이해했는가?

1. 정신은 단지 수동적인 수용자에 불과한가?
2. 감각들 사이에도 논리가 있는가?
3. 논리적 법칙들만 있어도 인식을 도출할 수 있는가?

문제 제기

마르크스와 엥겔스

《독일 이데올로기》(1845-1846), H. 오제, G. 바디아, J. 보드리야르, R. 카르텔 번역, 소시알 출판사, 1982, pp. 82-83.

10 현실이란 우리가 감각을 통해 지각하는 것이 될 수 있을까?

포이어바흐[3]에게 있어서 감각 세계라는 '개념'은 한편으로는 이 감각 세계를 단순히 주시하는 것에, 또 다른 한편으로는 단순한 감정에 그친다. (⋯) 첫번째 경우, 감각 세계의 주시에서 그는 자신의 의식과 감정에 상충되는 대상들에 부딪칠 수밖에 없다. 이 대상들은 그가 미리 전제했던 감각 세계의 모

---

3) 19세기 독일 철학자.

든 부분들 사이에서 이루어지는 조화, 특히 인간과 자연의 조화를 뒤흔든다. 이 대상들을 없애기 위해 두 가지의 바라보는 방식 속으로 피신할 수밖에 없다. 그는 '맨눈에 보이는 것'만을 알아보는 세속적인 방식과 보다 고양된, 철학적인, 사물의 진정한 '본질'을 알아보는 방식 사이에서 흔들린다. 그는 자신을 둘러싼 감각 세계가 아주 오랜 옛날부터 직접 주어진 것이 아니고, 항상 변치 않는 것도 아니며, 그저 산업과 사회주의 체제의 산물이라고 생각한다. 이는 감각 세계가 역사의 산물이고, 각각의 발생은 이전의 발생을 딛고 일어서 산업과 무역을 완성했으며, 수요를 바꾸기 위해 사회 체제를 바꾸는 일련의 발생 과정의 결과라는 뜻이다. 가장 단순한 '감각적 확실성'의 대상은 사회 발전과 산업, 무역의 교류를 통해서만 포이어바흐에게 제시되었다. 모든 유실수가 그렇듯이 고작 몇 세기 전부터 벚나무는 무역이라는 이름으로 우리와 동일 위도상의 국가들 사이에서 유통되었다. 그러므로 그것이 포이어바흐의 '감각적 확실성'에 제시된 것은 특정 시대, 특정 사회의 행위 덕택일 뿐이다.

핵심을 이해했는가?

1. 정신은 감각 세계를 바라보는 것에 만족하는가?
2. 철학적 세계관은 순수한 감각주의와 어떤 점이 다른가?
3. 현실에서 감각을 통한 단순한 파악에서 벗어나는 것은 무엇인가?

문제 제기

흄

《인간에 대한 조사》
(1748), 제1부의 XII절,
P. 바랑제, P. 샬텔의 번

11 이성과 감각을 대립적인 것으로 보아야 할까?

인간이 본능에 의해, 또는 천성적인 선입견을 통해 감각을 신뢰하게 된다는 것은 자명한 것 같다. 그리고 어떠한 합리적 추론 과정 없이, 혹은 대개가 이성을 사용하기도 전에 우리는 항상 우리의 지각과 무관한, 하지만 우리와 모든 확실한 피조

역. 플라마리옹 출판
사, 1983. pp.233-234.

물이 부재하거나 무력한 상태에 있더라도 존재하게 되는 외부
세계를 허락한다. 동물들은 이와 유사한 생각에 철저히 따르
면서 외부 대상들에 대한 이러한 믿음을 그들의 모든 사유 속
에, 그들의 모든 그림과 모든 행위들 속에 간직한다.

인간이 이 강력하고도 맹목적인 자연적 본능을 추종할 때
그들의 이미지 자체는 감각이 표현하는 외부 대상들이고, 그
이미지들이 단지 자신들의 표상에 불과하다는 점을 빼고는 어
떠한 의혹도 품지 않는다. 흰색이 있고 딱딱함이 느껴지는 그
림이 우리의 파악과는 별개로 존재한다는 사실과, 이 그림이
그것을 파악하는 우리 정신 너머에 있는 무엇임을 우리는 믿
는다. 우리가 존재한다는 것이 그 그림에게 실존을 고하지 않
는다. 또 우리가 부재한다고 그 그림이 사라지는 것도 아니
다. 그 그림은 획일적이고 총체적인 실존을, 이 실존을 간파
하거나 주시하는 지적인 존재들의 상황으로부터 독자적인 실
존을 간직한다.

하지만 모든 인간들의 보편적이고 원초적인 이러한 견해는
곧 가장 가벼운 철학에 의해 무너지고 만다. 이 철학은 우리
에게 어떠한 것도 이미지나 감각적 파악이 아닌 상태로는 정신
에 나타날 수 없고, 감각이 정신과 대상 사이의 즉각적인 관
계를 만들어 낼 수 없다면 이 감각은 이들 이미지가 유입되는
작은 쪽문에 불과하다는 사실을 알려 준다. 그 그림에서 멀어
질 때, 우리가 바라보는 그림은 작아지는 것 같다. 하지만 우
리와는 독자적으로 존재하는 실제 그림은 전혀 변형되지 않
는다. 그러므로 정신에 나타난 것은 그 이미지일 뿐이다. 이
것이 이성의 명백한 명령이다. 성찰 능력이 있는 인간이라면
누구나 우리가 이 집과 이 나무라고 말할 때 우리에게 떠오르
는 것들이 정신에서 이루어지는 감지나 부유하는 복사물들,
그리고 항상 또 독자적으로 존재하는 다른 실존의 표현 이외
의 다른 어떤 것이 아니라는 사실을 결코 의심하지 않았다.

그러므로 그 지점에서 우리는 합리적 추론 과정을 통해 어쩔
수 없이 자연적이고 일차적인 본능을 거스르게 되고, 이러한

본능과 결별하며 확실한 감각 위에서 새로운 체계를 끌어안게 된다.

핵심을 이해했는가?

　1. 철학은 어떠한 이중적 선입견에 맞서 싸워야 하는가?

　2. 솔직히 말해 우리의 정신은 외적인 사물들을 파악하는가?

　3. 어떠한 합리적인 논거를 통해 감각이 대상의 진정한 성질을 드러내지 않는다는 것을 입증할 수 있는가?

12 　이성은 감지될 수 없는 것인가?

문제 제기

루소

《인간 불평등 기원론과 그 기초에 대한 서설》 (1775), 1부, 〈철학전집〉, 나탕 출판사, 1998, p.74.

　구경하는 동물이 고통당하는 동물과 자신을 더 잘 동일시하기 때문에 사실 동정은 더 강하게 일어날 것이다. 그런데 이러한 동일시는 분명 합리적 추론의 상태에서보다는 자연 상태에서 훨씬 더 긴밀할 것이다. 자기애를 일으키는 것은 이성이고, 그것을 강화시키는 것은 성찰이다. 인간이 스스로를 되돌아보게 하는 것도 그것이다. 인간을 거북하게 만들고, 그를 괴롭히는 것으로부터 거리를 둘 수 있게 되는 것도 그것이다. 인간을 고립시키는 것은 철학이다. 확신컨대 인간이 고통받는 인간에 대해, 심지어 몰락하는 인간에 대해 은밀하게 말하는 것은 철학을 통해서이다. 거기에는 철학자의 평온한 잠을 깨워 그를 침대에서 끌어내는 사회 전체의 위험들만이 있을 뿐이다. 사람들은 창문 밑에서 자기 동료를 무사히 교살할 수 있다. 귀를 손으로 막고 자기 내면에서 반항하는 본성이 살인하는 대상과 자신을 동일시하지 않도록 조금만 애쓰면 된다. 야만적인 인간에게는 이 놀라운 재능이 전혀 없다. 우리는 지혜와 이성이 결핍된 그가 인류의 첫번째 감정에 멍하니 사로잡히는 것을 늘 본다. 폭동에서, 저잣거리의 싸움판에서, 사람들은 모이지만 신중한 사람이라면 멀리 떨어져 있다. 싸우는 사람들을 뜯어말리고, 신사들로 하여금 서로의 목을 조르지 않게 하는 이들은 하층민들이고 저잣거리의 여자 상인들이다.

핵심을 이해했는가?

1. 동정은 합리적인 감정인가?
2. 우리는 어떨 때 타인에 대한 동정심을 경험하는가?
3. 이성이 이기주의를 상대로 우리를 성숙하게 할 수 있을까?

문제 제기

헤겔

《권리철학의 원리》(1821), 서문, R. 데라테 번역, 브랭 출판사, 1975, pp. 54-56.

14 이성은 정신으로 이루어진 구조물 같은 것인가?

(⋯) 철학은 정확히 말해서 합리적인 것을 발견하는 것이기 때문에 현재와 현실을 이해하는 것이지, 신으로 대변되는 피안적 존재의 구조물이 아니다——혹은 우리는 오류투성이의 편협되고 공허한 추론 방식으로 신이 어디에 있는지를 말하는 게 아니다. (⋯)

합리적인 것은 현실이고,

현실적인 것은 합리적이다.

바로 이것이 철학처럼 선입견 없는 의식에 대한 믿음이고, 거기에서부터 철학은 자연에 대해 연구하듯 정신 세계를 연구하기 시작한다. 성찰이나 감정, 혹은 의식의 주관성과는 다른 형태는 현재를 헛된 것으로 여기고, 현재 너머에 있으며 현재보다 더 지속적인 것을 알고 있다고 믿는다 해도, 이러한 것들이 만나게 되는 것은 헛된 것들에 불과하다. 그리고 의식은 현재에서만 현실성을 지니기 때문에 그것 자체는 공허한 것에 불과할 것이다. 반대로 이데아가 [일반적으로] 어떤 사유 안에서 하나의 개념 혹은 표현에 불과한 것이라는 생각 쪽으로 나아간다면, 철학은 역으로 이데아 말고는 현실적인 것이 아무것도 없다고 주장하게 된다. 그러므로 순간적이고 일시적인 외양 속에서 내재적인 실체와 현재에 있는 영원성을 찾아내야 한

| 다. 합리적이라는 말은 이데아와 같은 뜻이다.

핵심을 이해했는가?

1. 이성은 현실이나 이상에 전념해야 하는가?
2. 여기에서 헤겔은 이상, 이데아의 어떠한 잘못된 개념을 비판하는가?
3. 현실을 넘어서려는 사유는 어떤 위험에 직면하게 되는가?

문제 제기

파스칼

《팡세》(1657), L. 브룬슈빅이 확인한 원문, 제2항 n° 82, GF—플라마리옹 출판사, 1976.

15 상상력은 이성과 양립할 수 없는가?

상상력——이것은 인간이 지닌 뛰어난 부분으로 오류와 취약점이 있으며, 한결같지 않기 때문에 더욱 교활하다. 상상력이 거짓말 중에서 가장 완벽한 것이라면, 이는 진실의 가장 완벽한 법칙이기 때문이다. 하지만 종종 틀리기도 하는 그것은 참과 거짓을 똑같이 표시하면서 자기 자질에 대해 어떠한 표시도 하지 않는다.

나는 미친 사람들보다는 좀더 지혜로운 사람들에 대해 말하고 있다. 그들끼리 있을 때 상상력에는 사람들을 설득하는 대단한 재능이 있다. 이성이 아무리 소리쳐도 그것은 사물을 가치 있게 만들 수 없다.

자신이 모든 사물들 속에서 얼마만큼 많은 일을 할 수 있는가를 보여 주기 위해 이성을 억제하고 지배하면서 즐거워하는, 이성의 적인 이 뛰어난 능력은 인간 내부에 제2의 천성을 굳혔다. 상상력에는 행복과 불행, 건강함과 질병, 부유함과 빈곤함이 있다. 상상력은 이성을 믿게 하고, 의심하게 하며, 부정하게 한다. 그것은 감각을 위기로 몰아가고, 그것들을 강조한다. 상상력에는 광인들과 현자들이 있다. 상상력이 이성과는 딴판으로 충만하고 온전하게 제 주인들을 만족시키는 것을 보는 것보다 우리를 더 화나게 하는 일은 없다. 상상력에 능한 사람들은 신중한 사람들이 합리적으로 즐거워하는 것과는 전혀 다른 식으로 혼자서 즐거워한다. 그들은 사람들을 오만하게 쳐다본다. 그들은 과감하고 자신 있게 논박한다. 반면에 그렇지 않은 사람들은 두려워하고 경멸하면서 논박한다. 쾌활한 표정으로 인해 종종 듣는 이들의 견해에 있는 이점이 그들에게 제공된다. 상상 속의 지혜는 똑같은 성격을 가진 판단에 비해 더 많은 인기를 얻는다. 상상력이 지혜로운 사람들을 미치게 할 수는 없다. 하지만 그들을 행복하게는 한다. 자기 친구들을 비참한 처지로만 몰고 가는 이성과 다투면서 어떤 것은 그들을 영광으로, 또 어떤 것은 치욕으로 장식한다.

핵심을 이해했는가?

1. 상상력이 인간을 타락시킨다고 말할 수 있을까?
2. 합리적 추론을 함으로써 우리는 상상력에서 벗어날 수 있는가?
3. 상상력은 감각의 산물을 재생산할 뿐인가?

문제 제기

데카르트

《형이상학적 명상》 중 《여섯번째 반론에 의한 대답》(1641), 작품과 서간문, 플레야드 총서, 갈리마르 출판사, 1953, pp.539-540.

16 지각하는 것은 단순히 수동적인 행위일까?

(…) 내가 막대기를 볼 때, 그 막대기에서 보통 의도적인 것으로 명명되고, 내 눈앞까지 와 공중에서 펄럭이는 작은 이미지들을 끌어낸다고 상상할 필요는 없다. 다만 이 막대기에 반사된 빛줄기들이 뇌 속에 있는 시신경을 통해 어떤 움직임을 자극한다고 상상해야 한다. Dioptrique[4]에서 내가 상세히 설명한 것처럼 말이다. 어리석은 사람들과 우리들 모두에게 공통으로 일어나는 이러한 뇌의 움직임에 감정의 첫번째 단계가 있다. 두번째 단계가 그 뒤를 따른다. 그것은 색깔과 이 막대기에 반사되는 빛을 감지하는 단계까지만 뻗어가는 것으로, 정신이 아주 내밀하게 뇌와 결합한다는 사실, 정신이 두드러진다는 사

---

4) 빛의 굴절 연구.

실, 그리고 정신 안에서 만들어지는 움직임에 의해 그 정신에 이른다는 점에서 생긴다. 만일 우리가 이해와 감각을 정확하게 구분하고자 했다면 그것은 감각에 대해 말해야 할 모든 것들이다. 왜냐하면 나에게 인상 깊은 색깔에 대한 어떤 감정 때문에 내가 이 막대기에 색깔이 있다는 사실을 판단했기 때문이고, 이 색깔에 대한 이해, 내 뇌의 여러 부분을 통한 이 상황의 결과와 관계로부터 보통은 그것을 감각의 탓으로 돌리더라도 이 막대기의 크기, 형태와 그것과의 거리감을 말해 주는 뭔가를 내가 결정하기 때문이다. 그리고 이 주제를 위해서 나는 감각의 세번째 단계에 대해 말한 바 있다. 이는 감각이 적어도 이해에만 의존한다는 것을 주장하는 것이다. 그리고 나는 Dioptique에서 연역적 방법을 쓰면서 크기, 거리와 형태는 이성을 통해서만 파악된다는 것을 보여 주기도 했다.

핵심을 이해했는가?

1. 시각을 설명하기 위해 데카르트가 옹호하는 명제의 쟁점은 무엇인가?
2. 사물에게서 감지된 감각적 성질들은 실제로 이 사물들에게 속해 있는가?
3. 수동적인 감지와는 상관없이 이해가 개입한다는 것을 어떤 표시로 알 수 있는가?

문제 제기

로크

《인간 이해에 관한 철학적 에세이》(1689), 2권의 제3장, P. 코스트 번역, 브랭 출판사, 1983, p.61.

17 우리는 감각의 노예인가?

그러므로 영혼이 처음에는 백지 상태(table rase)라고, 어떤 것이 되었든 특성도 어떠한 개념도 없다고 치자. 그렇다면 그것이 어떻게 개념을 받아들였을까? (…) 합리적 추론과 인식의 토대인 모든 질료를 영혼은 어디에서 퍼오는가? 이에 대해 나는 한마디로 경험이라고 대답한다. 그것은 모든 인식의 토대이고, 그것이 인식의 근원적 기원이다. 우리는 외부의, 감지할 수 있는 대상에 대해 관찰하거나, 또는 우리 영혼의 내적 작용에 대해 관찰한다. 우리는 그러한 관찰을 파악하고, 그 위에서 우리 스스로가 성찰하며, 이러한 관찰은 우리의 정신에 자신의 온 사유의 질료를 제공한다. 그것이 우리가 소유하는, 또는 우리가 자연스럽게 소유할 수 있는 모든 개념들이 비롯되는 두 개의 원천이다.

첫째, 외부 대상으로부터 공격을 받는 우리의 감각은 대상이 우리이 감각에게 영향을 주는 다양한 방식에 따라 우리의 영혼 안에 대상과는 다른 여러 가지 감각적 파악을 끌어들인다. 그리하여 우리는 흰색·노란색·뜨거움·차가움·딱딱함·물렁거림·부드러움·씁쓸함과, 우리가 감각적인 성질로 부르는 모든 것들에 대해 같은 개념들을 획득할 것이다. 내 말은 우리의 감각이 우리의 영혼 속에 이러한 모든 개념들을 끌어들인다는 뜻이다. 여기에서 나는 이들 감각이 외부 대상으로 하여금 영혼을 거쳐 가게 한다는 것을 알겠다. 그리하여 모든 종류의 감각적 감지가 생겨난다. 그리고 우리가 갖는 대부분 개념들의 가장 큰 원천이 우리의 감각에 전적으로 의존하고, 나름의 방식을 통해 이해에 이르기 때문에 이를 나는 **감각**(Sensation)이라 부른다.

이해가 개념을 받아들이는 다른 원천은, 감각을 통해 받아들인 개념을 토대로 우리 영혼의 기능들을 감지하는 것이다. 이 기능은 영혼의 성찰의 대상이 되면서 이해 안에서 다른 종류의 개념을 만들어 내는데, 그것은 외부의 대상들은 제공할 수 없는 개념들이다. 그것은 우리가 파악하다·생각하다·의심하다·확신하다·추론하다·인식하다·원하다로 부르는 개념들이고, 우리 영혼의 모든 상이한 행위들이다. 이때 이 행위들의 실존은 충분히 수긍할 수 있는 것이다. 왜냐하면 그것들이 우리의 감각을 공격할 때 우리는 우리 스스로가 그것들을 발견하고, 육체가 우리 안에서 만들어 내는 것만큼 확실한 개념들을 나름의 방식으로 받아들이기 때문이다. 거기에 모든 인간이 항상 자기 안에 지니는 개념들의 원천이 있다. 이 능력이 어떤 감각은 아니지만, 외적인 대상과 더불어 할 수 있는 것이 아무것도 없기 때문에, 그것은 감각에 상당히 가까이 있어 내적 감각이라는 이름이 부적당한 것도 아닐 것이다. 하지만 우리 이데아의 또 다른 원천을 감각이라 하기 때문에 나는 그것을 **성찰(Réflexion)**이라고 부르겠다. 영혼이 자기 고유의 기능에 대해 성찰하면서 자신이 얻은 이데아를 자기만의 방식으로 받아들이기 때문이다.

핵심을 이해했는가?

1. '백지 상태'라는 이미지를 통해 로크는 무엇을 암시하는가?
2. 우리의 감지 능력은 감각적 산물에 한정되는가?
3. 감각과 사유 사이에 공통점이 있는가?

문제 제기

알랭

《철학의 요소들》(1941), 폴리오 총서, 갈리마르 출판사, 1996, pp.28-29.

18 이성이 감각을 통한 지각을 바꾸는가?

순수하고도 간단한 확인으로, 어떠한 해석 없이도 우리가 배우는 것은 촉각이라는 사실을 사람들 모두 인정한다. 하지만 그게 아무것도 아닌 것은 아니다. 나는 이 입방체의 주사위를 만지지 않는다. 아니다. 나는 모서리와 점, 단단하고 반들거리는 면을 차례로 만진다. 그리고 이 모든 양상들을 단 하나의 대상과 결합시키면서 이 대상이 입방체라고 판단한다.

다른 예들을 들어 보라. 왜냐하면 이러한 분석은 아주 멀리까지 갈 수 있고, 첫걸음을 분명히 해두는 것이 중요하기 때문이다. 더군다나 이 입방체의 단단한 주사위가 사방이 모두 흰색이고 검은 점이 표시되어 있다는 것을 내 감각에 제기된 사실로 확인할 수 없다는 것은 너무나 자명하다. 나는 결코 사방에서 동시에 이 주사위를 보지 못하고 눈에 보이는 면들은 결코 동시에 똑같이 색칠되지 않으며, 그뿐만 아니라 동시에 이 면들을 똑같이 보지도 못한다. 하지만 내가 보는 것은 똑같은 면으로 이루어지고, 모두 똑같이 흰색인 입방체이다. 그리고 나는 이 사물을 만지면서 본다. 자신의 저작 《테아이테토스 *Theaitetos*》에서 플라톤은 내가 상이한 감각으로 파악한 것들이 하나의 대상 속에서 결합하는 것을 어떤 감각을 통해 깨닫는지를 물었다.

이 주사위로 다시 돌아오자. 나는 여러 면들 가운데 한 면 위에 있는 여섯 개의 검은 점을 알아본다. 그것이 이해라는 기능임을 인정하기는 어렵지 않을 것이다. 감각은 단지 이해의 질료만을 공급한다. 이 검은 점을 다 돌고 각 점의 순서와 위치를 확인하면서 나는 처음에는 쉽지 않았던 개념, 즉 이들 점이 여섯 개라는 개념을 형식화한다. 다시 말해 2 곱하기 3이 다섯 하고도 하나를 더 만든다는 것을 형식화하는 것이다.

이러한 계산 행위와 내가 손과 눈을 통해 차례차례 입방체임을 알게 된다는 사실을 깨닫게 되는 또 다른 기능 사이의 닮은 점을 여러분은 간파할 수 있는가? 여기에서 감각을 통한 파악은 이미 이해의 역할을 하고 (…) 가장 합리적인 정신은 자신이 생각하는 것보다 훨씬 더 합리적으로 작용한다. (…) 이렇게 하여 우리는 내가 말한 순수한 개념을 상대로 경계하기 시작한다.

핵심을 이해했는가?

1. 알랭은 여기에서 어떤 공통 개념을 공격하는 것 같은가?
2. 감각을 통해 파악할 때 이해는 어떤 역할을 하는가?
3. 왜 하필 주사위를 예로 들었을까?

문제 제기

19 자신의 직관을 믿는 것이 합리적인가?

베르그송

《사유와 유동자》(1938),

(…) 직관적으로 사유하는 것, 그것은 지속적으로 사유하는 것이다. 보통 지능은 움직이지 않는 것에 대한 것으로 병렬 관계에 있는 부동성을 사용하여 그럭저럭 움직임을 재구축한다.

〈4두2륜마차〉, PUF, 열네번째 판, 2000, pp. 30-32.

직관은 움직임에서 출발하여 그것을 현실 자체로 제시하거나 파악하고, 유동성 위에서 우리의 정신을 통해 포착되는 부동성 안에 있는 추상적이고 즉각적인 순간만을 알아본다. 지능은 보통 사물의 모습을 띠고, 그것을 거쳐 안정적인 것에 귀를 기울이며 변화로부터 우발적인 사고(un accident)를 만들어 이 변화에 또다시 그것을 추가한다. 직관의 본질은 변화이다. 지능이 사물에 귀를 기울이는 것처럼 그것은 되어가는 상황에서 작동하는, 우리의 정신을 통해 전체의 대리인으로 여겨지는 잔(coupe)이나. 사유는 이미 존재하고 있는 요소들의 새로운 배열처럼 보통은 새롭게 모습을 드러낸다. 사유는 어떠한 것도 상실하지 않고, 새로 만들어 내지 않는다. 팽창하는 지속에 매달린 직관은 거기에서 예측할 수 없는 새로운 것의 멈춤 없는 지속성을 간파한다.

(…) 지능의 기원 개념은 이제 명백하다. 충분한 노력을 기울일 수 있는 정신에게는 적어도 그렇다. 반면에 우리 사유의 힘이 어떻든간에 직관에서 생겨난 개념은 보통 모호해지기 시작한다. 명확함에 두 가지 종류가 있는 것은 바로 이 때문이다.

새로운 개념은 그것이 우리 앞에 그저 새로운 질서로 배열된, 우리가 익히 알고 있는 기본적인 개념들을 우리에게 제시하기 때문에 명백할 것이다. 새로운 것에서 옛것만을 발견하는 우리의 지능은 우리가 익숙한 세계에 있다고 생각한다. 지능은 편안하다. 지능은 '이해한다.' 우리가 갈구하고, 우리가 추구하며, 우리를 이끄는 자에게 감사하게 되는 이유가 되는 명확함이란 이런 것이다. 우리를 이끄는 것은 우리가 받아들이는 것과는 전혀 다른 것이다. 게다가 그것은 마지막에 이르러서야 인정을 받는다. 많든 적든 직관을 모으는 것은 매우 순진하고 단순한 개념으로서의 명확함이다. 이미 존재하고 있는 요소들로 그것을 구축할 수 없기 때문에, 이 명확함에 구성 요소가 없기 때문에, 그리고 또 한편 노력 없이 이해한다는 것은 옛것을 가지고 새로운 것을 다시 구성하려는 것이기 때문에 우리의 맨 처음 움직임은 그것을 이해할 수 없다고 말하는 것이다. 하지만 그것을 일시적으로 인정하고, 그것과 더불어 우리 인식의 다양한 분야들 속을 돌아다니자. 우리는 그것을 보게 될 것이다. 모호한 그것이 어둠을 흩뜨려 놓는 것을 말이다. 이를 통해 우리가 풀 수 없다고 생각한 문제들이 저절로 해결된다. 그래서 영원히 소멸되든 다른 식으로 제기되든 말이다.

핵심을 이해했는가?

1. 시간을 생각할 때 직관과 합리적 인식을 구별하는 것은 무엇인가?
2. 합리적이거나 지적인 인식이 직관보다 더 명확한가?
3. 합리적 인식이 직관보다 더 단순한가?

문제 제기

라이프니츠

《인간의 이해에 대한 새로운 에세이》(1703), 서문, 플라마리옹 출판사, 1990, pp.34-35.

20 이성이 감각적 경험에서 생기는가?

모든 진리가 경험에 달려 있다면, 다시 말해 귀납법과 사례들에 달려 있다면, 혹은 진리에 다른 토대를 지닌 것들이 있다면 의문이 생긴다. 왜냐하면 어떤 사건들이 우리가 그 사건들로부터 끌어낸 증거를 대기 전에 예견될 수 있다면, 분명 우리는 우리에게 있는 어떤 것을 그 탓으로 돌리기 때문이다. 감각이 사례들, 다시 말해 특정하거나 개별적인 진리들만을 제공하는 이상, 우리의 모든 실재적 인식에 꼭 필요한 감각이 우리에게 이 인식 모두를 다 제공할 수는 없다. 그런데 일반적인 진리를 확신하는 모든 사례들은 그 수가 얼마가 되든 동일한 진리의 보편적 필요성을 충분히 확립하지 않는다. 일어난 일이 똑같이 일어나지는 않기 때문이다. 예를 들어 그리스인들과 로마인들, 그리고 다른 민족들은 하루를 24시간으로 나누기 전에는 모두 한결같이 낮이 밤이 되고, 밤은 낮이 된다고 생각했다. 하지만 뉴질랜드에 머무는 동안 그 반대 현상을 경험한 이상, 다른 곳에서도 똑같은 법칙이 관측된다는 사실을 믿게 되었을 때 그들은 자기들이 잘못 알고 있었음을 깨달았을 것이다.[5] 적어도 우리와 같은 기후권에서 그것이 영원히 지속될 필수적이고도 영원한 진실이라고 믿는 사람은 잘못 알고 있는 셈이 된다. 왜냐하면 오늘날 사람들은 지구와 태양이 언제까지나 존재하는 것이 아니며, 그리고 아마 이 아름다운 천체는 적어도 현재의 형태로, 똑같은 시스템으로 남아 있지도 않을 것이라고 판단하기 때문이다. 여기에서 우리가 수학과 특히 산술 · 기하학에서 보게 되는 것처럼 필수적인 진리에는 그 증거가 사례에, 그 결과 확실한 감각에도 전혀 기대고 있지 않는 원리들이 반드시 있다는 사실이 나타난다. 비록 감각을 통하지 않고는 진리를 결코 생각할 수 없다고 하더라도 말이다. 이것이 주의 깊게 구별해야 할 것이고, 유클리드가 제대로 이해한 바다. 그는 종종 경험과 확실한 이미지로 충분히 알 수 있는 것을 종종 이성적으로 증명한다.

핵심을 이해했는가?

1. 감각의 산물과 이성적 확실성 사이에 모순이 있는가?
2. 감각의 산물은 충분한가?
3. 감각이 '특정' 진리를 제공한다고 말하는 것은 이 감각의 산물이 순전히 주관적이라는 사실을 뜻하는가?

문제 제기

21 감각 능력은 사물, 혹은 육체의 어떤 자질인가?

스피노자

《윤리학》(1677), 전집, 제1권, 부록, R. 카이유아 번역, 플레아드 총서, 갈리마르 출판사, 1955, pp.352-353.

[어떤] 개념들은 상상력에 여러 가지로 영향을 미치는 상상하는 방식일 뿐이다. 하지만 무지한 자들은 이 개념들을 마치 사물의 주된 속성으로 생각한다. 무릇 사물이 그 개념들을 위해 만들어졌다고 믿기 때문이다. 그리고 그들은 자기들이 영향을 받는 방식에 따라 사물의 성질이 좋은지, 나쁜지, 건강한

---

5) 뉴질랜드.

지, 부패했는지를 말한다. 예를 들어 눈에 나타난 사물을 받아 들이는 움직임이 건강에 기여한다면 사람들은 이 움직임을 일 으키는 대상들이 아름답다고 말하고, 그 반대 움직임을 일으키 는 것들에 대해서는 추하다고 한다. 후각을 자극하는 것들을 사람들은 향기롭다거나 냄새가 고약하다(…)고 말한다. (…) 촉각을 자극하는 것들은 단단하거나 무르다고, 거칠거나 매끄 럽다(…)고 일컫는다. 마지막으로 귀를 자극하는 것들은 소음 이 난다, 소리나 화음이 들린다고 말한다. 또 이렇게 말하기도 한다. 화음은 인간들의 이성을 망가뜨렸다, 인간들은 신이 그 화음에 매혹낭했다는 사실을 믿지 않았다! 심지어 천상의 움 직임이 화음을 만들어 낸다고 믿는 철학자들도 있었다.

이 모든 것에서 사람들 각자가 자기 뇌의 배열에 따라 사물 들을 판단해 왔음을, 아니 이보다는 사물들을 마치 상상의 애 착으로 생각해 왔다는 사실을 충분히 알 수 있다. 우리가 보아 온 것만큼 숱한 논쟁들이 사람들 사이에서 일어난다는 사실은 그리 놀라운 일도 아니다. 거기에서 결국 회의론이 생겨난다. 인간들이 모여 상당 부분에 동의함에도 불구하고 그들은 수많 은 다른 점들에 대해서는 서로 다르다. 그 결과 어떤 사람에게 는 좋아 보이는 것이 다른 사람에게는 나쁘게 보인다. 어떤 사 람에게는 질서정연한 것이 다른 사람에게는 혼란스러워 보인 다. 어떤 사람에게 기분 좋은 것이 다른 사람에게는 불쾌하다. (…) 인간은 이해력으로 이해하기보다는 자기들의 뇌의 배열 에 따라 사물을 판단하고 상상한다. 그들이 사물들을 이해했 다면, 수학에서 그렇듯이 사물에도 역시 세상 사람들을 끌어 당길 수 있는 능력이라고 말할 수는 없지만 적어도 모든 사람 들을 설득시킬 수 있는 능력이 있을 것이다.

핵심을 이해했는가?

1. 이성이 인간들 사이의 불화를 책임질 수 있는가?
2. 상상한다는 것, 그것은 이성의 작용인가?
3. 감각 기능은 실제로 외부 대상들에 속해 있는가?

문제 제기

칸트

《지식이란 무엇인가?》
(1784), J.-F. 포아리에와
Fr. 프루스트 번역, 플라
미리옹 출판사, 1991,
pp.43-44.

지식이란 인간이 스스로에게 그 책임이 있는 보호 상태에서 벗어나는 것을 말한다. 보호 상태는 다른 사람이 안내하지 않으면 이해할 수 없는 상태이다. 그 원인이 이해가 부족하기 때문이 아니라 해결이 불충분하기 때문에, 그리고 다른 사람의 안내 없이도 이해력을 사용하겠다는 용기가 불충분하기 때문이라면 우리 사신에게 이러한 보호 상태에 책임이 있다. **Sapere aude!** 너만의 이해력을 사용하겠다는 용기를 갖도록! 이것이 지식의 신조다. 나태함과 무기력은 오래전부터 자연이 그들을 기이한 행동에서 구한 후 아주 많은 인간들이 자발적으로 자기들의 생애를 보호 상태 속에서 보내게 되는 이유들이다. 그리고 이 이유들로 인해 사람들은 아주 쉽게 다른 사람들이 그들의 보호자로 자처하도록 만든다. 보호 상태에 있기는 매우 쉽다. 만일 내게 내 입장을 이해해 주는 책 한 권, 내 입장을 잘 알고 있는 지도신부, 내 입장에서 식이요법을 판단해 주는 의사가 있다면 정작 나 자신은 노력을 하지 않는다. 내게 지불할 능력이 있을 때에는 굳이 생각할 필요가 없다. 다른 사람들이라면 이 일을 끔찍하다고 생각할 것이다. 그리고 만일 아주 많은 사람들(그들 가운데 여자들)이 아주 위험한 이 보호 상태에서 벗어나는 걸음, 아주 고통스러운 가중에서 벗어나는 걸음을 내딛는다면 극단적인 호의를 갖고 그들을 감시할 책임이 있는 이 보호자들이 대신 고용되기 때문이다. 자기네 가축을 바보로 만들고, 이 온순한 피조물들로 하여금 그들을 가둔 유모차 없이는 감히 한걸음도 나가지 못하게 한 후에, 그들은 혼자 걸으려고 하면 초래될 위험을 그들에게 보여 준다. 그런데 이 위험이란 어쩌면 그리 대단한 것이 아닐 것이다. 몇 번 넘어진 후 결국에는 걷는 법을 터득하게 되기 때문이다. 하지만 이러한 예 때문에 수줍어하고 보통은 전혀 다른 최종의 시도를 단념하게 된다.

핵심을 이해했는가?

1. 인간은 늘 자유를 원하는가?
2. 자유를 잃는 첫번째 이유는 무엇인가?
3. 지적으로 뛰어난 사람들은 자신들의 권력을 어떻게 강요할 수 있는가?

문제 제기

니체

《차라투스트라는 이렇게 말했다》(1883-1885), 〈육체경멸자들〉, H. 알베르 번역, J. 라코스트 수정, 〈산토끼들〉, 로베르 라퐁 출판사, 1993, pp.308-309.

23 이성이 무의식적일 수 있는가?

내가 그들의 행위에 대해 말하고픈 대상은 육체를 경멸하는 사람들이다. 강령과 가르침을 바꿀 것이 아니라 자기들의 육체에 작별 인사만 하면 된다——그리하여 침묵해야 한다.

"나는 육체와 정신으로 이루어졌습니다"——어린아이라도 이렇게 말한다. 하물며 사람들은 왜 어린아이처럼 말하지 않는 걸까?

하지만 자각하고 의식 있는 사람은 이렇게 말한다. 나는 전부 육체로 이루어졌을 뿐 다른 것으로 이루어지지는 않았다. 정신은 육체라는 부분의 한마디 말에 불과하다.

육체는 거대한 이유이고, 유일한 의미를 지닌 다양성이며, 전쟁과 평화이고 무리이자 목동이다.

형제여, 네가 '정신'이라고 부르는 것은 육체의 도구이고 작은 이성이다. 거대한 이성의 작은 도구, 조그만 장난감인 것이다.

너는 '나'라고 말하면서 이 말을 자랑스러워한다. 하지만 더 큰 것은——너는 믿고 싶어하지 않지만——너의 육체이고, 그것의 위대한 이성이다. 그는 **나**라고 말하지 않지만 바로 **나**다.

감각이 입증하는 것, 정신이 깨닫는 바는 그 자체로 끝이 없다. 하지만 감각과 정신은 자기들이 사물의 끝이라고 너를 설득하고 싶어할 것이다. 이토록 그것들은 허망하다.

감각과 정신은 도구와 장난감에 불과하다. 그뒤에 자아가 있다. 이 **자아** 역시 눈으로 감각을 추구하고, 귀로는 정신에게 귀기울인다.

　자아는 항시 귀기울이고 추구한다. 그는 비교하고, 복종하고, 정복하고, 파괴한다. 그는 **나**를 지배하고 통치하기도 한다.

　이러한 감정과 사유 뒤에 형제여, 더 강력한 주인인 미지의 현자가 버티고 있다——그가 **자아**라고 하는 이다. 그는 너의 육체에서 살고, 그는 너의 육체이다.

　이성은 너의 현명함보다는 너의 육체에 있다고 할 수 있다. 그럼 무엇 때문에 내 육체가 너의 현명함을 필요로 하는지는 누가 알고 있단 말인가?

핵심을 이해했는가?

　1. 이성은 나에게, 의식에 달려 있는가?
　2. 지적 능력의 주된 오류는 무엇인가?
　3. 언어 · 말은 합리적 추론을 하기 위한 좋은 길잡이인가?

문제 제기

24　추론과 행동은 대립하는가?

에픽테토스

《마누엘》(130 apr. J.-C.), in 〈스토아학파〉, J. 페팽 번역, 플레야드 총서, 갈리마르 출판사, 1962, pp.1130–1131.

　한 사람이 크리시포스[6]의 저작들을 이해하기도 할 뿐 아니라 설명할 수 있다는 사실에 으쓱할 때, 나는 "크리시포스가 모호하게 쓰지 않았다면 그는 으쓱할 게 없는 사람일 것이다"라고 말한다. 내가 원하는 것은 무엇인가? 자연을 이해하고, 그것을 따르고 싶다. 그래서 나는 자연을 설명하는 사람을 찾는다. 그가 크리시포스라는 얘기를 듣고 나는 그에게 갔다. 하지만 그의 저작을 이해할 수가 없다. 그래서 나는 그것들을 설명해 줄 사람을 찾는다. 지금까지 성과는 없었다. 하지만 내

---

　6) 그리스 철학자(기원전 277-205)로 에픽테토스가 속한 스토아학파를 창설한 인물들 가운데 한 사람이다.

가 그의 저작을 설명하는 사람을 찾아냈을 때, 교훈을 실천하는 일이 남는다. 이것이 유일한 성과다. 내가 칭찬하는 것이 그 설명 자체라면, 호메로스 대신 크리시포스를 설명한다는 차이는 있지만 내가 철학자가 아니라 문법가가 되었다는 사실 이외에 이것이 뜻하는 바는 무엇인가. 그러므로 사람들이 내게 "크리시포스를 설명해 주오"라고 할 때, 만일 내가 그의 가르침과 유사하고 그 가르침에 맞는 행동을 보여 줄 수 없다면 나는 으쓱하기보다는 얼굴을 붉힌다. (…)

철학에서 제일 먼저, 그리고 가장 절실하게 필요한 부분은 원칙을 실행할 줄 아는 것이다. 거짓말하지 마라 같은 것이 그 예가 될 것이다. 두번째는 증명에 대한 부분으로 거짓말하지 말아야 하는 이유는 어디에서 오는가가 그 예다. 세번째는 증명의 기초를 세우고 그들간의 관계를 정리하는 것으로 거기에 증명이 있다는 것은 어디에서 비롯되는가? 증명이란 무엇인가? 결과는? 대립은? 무엇이 참인가? 거짓은? 등이 그 예이다. 그리하여 세번째 부분이 두번째 부분에서 그 필요성을 끌어내고, 두번째 부분은 첫번째에서 그 필요성을 끄집어 낸다. 꼭 필요한 것은 멈춰야 할 부분, 그러니까 첫번째 부분이다. 하지만 우리는 반대로 한다. 우리가 늑장을 부리는 곳은 세번째 부분으로, 우리의 모든 노력은 그리로 향한다. 첫번째 부분에 대해서는 흥미가 전혀 없다. 결과는 이렇다. 우리는 거짓말을 한다. 하지만 거짓말하지 말아야 한다는 것을 증명할 준비는 거의 다 갖추고 있다.

핵심을 이해했는가?

1. 우리가 추론을 하거나 철학서를 읽을 때 피해야 할 유혹은 어떤 것인가?
2. 지식이 행동의 요구에 맞게 논리적으로 이어지는가?
3. 이성이 행동에 위배되거나 행동을 방해하는가?

문제 제기

플라톤

《파이돈》(기원전 4세기),
É. 체임브리 번역, 플라
마리옹 출판사, 1992,
pp.147-148.

25 이성 없이도 아름다움을 포착할 수 있을까?

천상의 모습에 대한 긴 기억과 유감을 용서해야 한다. 나는 다시 아름다움으로 돌아온다. 예전에 우리는 그것을 보았고, 나는 이 모습 속에서 그것이 반짝인다고 말했다. 지상으로 다시 떨어진 우리는 이 빛나는 아름다움을 완전히 제거하는 모든 감각 가운데 가장 침투력이 높은 감각을 통해 그것을 본다. 사실 시각은 신체 기관들 가운데서 가장 예민하다. 하지만 그것은 지혜를 간파하지는 못한다. 만일 지혜가 우리에게 아름다움처럼 투명한 모습으로 나타난다면 지혜는 믿을 수 없는 사랑을 일으키게 될 것이고, 우리 사랑에 해당되는 모든 본질에 대해서도 마찬가지일 것이기 때문이다. 아름다움만이 가장 확실하고 매혹적인 것이 될 특권을 누린다. 하지만 닳아빠진 시도를 하거나 타락한 사람은 이 미천한 지상에서 다른 세계로, 절대적인 아름다움을 향해 다시 올라가기가 힘들다. 그는 지상의 이름이 붙은 이미지를 주시한다. 또한 자기가 본 것에 경의를 표하기보다는 자극적인 쾌락에 굴복하고, 마치 짐승처럼 그것을 추구하고 자신의 근원을 거기에 던지려고 한다. 그의 광적인 접근 속에서 그는 자연을 거스르는 탐닉을 추구하는 일이 두렵지도, 부끄럽지도 않다. 하지만 최근에 시작한 사람, 천상에서 많은 것을 본 사람은 누군가의 얼굴에 성스러운 아름다움이 감미롭게 모방되었음을 알아보고, 누군가의 몸에 나타난 이상적인 아름다움의 몇 가지 특징을 알아본다. 이와 동시에 그는 몸을 떨며 자기 내부에 예전에 느꼈던 감정이 요동치는 것을 느낀다. 그리고 나시 시선은 아름다운 대상에 꽂히고, 그는 이 대상을 마치 신처럼 숭배하고, 만일 정신착란자로 여겨지는 것을 겁내지 않는다면, 그는 우상이나 신에게 그렇게 하듯이 이 대상에게 제물을 바칠 것이다.

핵심을 이해했는가?

1. 아름다움을 포착하는 일은 지혜를 포착하는 일보다 더 직접적인가?

2. 아름다움이 일으키는 직접적 인상은 우리에게 어떤 유혹을 제공하는가?

3. 어떻게 하면 아름다운 물건들을 더 잘 감상할 수 있을까?

문제 제기 목록

문제 제기는 대화중에 나타나며, 일반적으로 같은 번호의 텍스트를 통해 설명되고 있다. 이런 문제들이 때로는 서로 일치하고 있음을 잊지 말자. 따라서 그 문제들이 서로 대체 되거나, 또는 같은 주장으로 누적될 수도 있다.

1. 이성을 추론으로 요약할 수 있을까?
   • 대화 1,2,5,6,7,8 • 텍스트: 쇼펜하우어
2. 이성이 신념의 체계를 이룰 수 있을까?
   • 대화 1,2,5,7,8 • 텍스트: 파스칼
3. 이성은 보편적인가?
   • 대화 1,5,6,7,8 • 텍스트: 말브랑슈
4. 권위적 추론은 이성에 일치하는가?
   • 대화 1,2,5,6 • 텍스트: 데카르트
5. 도덕은 이성의 산물인가?
   • 대화 1,5,6,8 • 텍스트: 베르그송
6. 감각을 통한 지각만으로 충분히 알 수 있을까?
   • 대화 1,2,3,4,6,8
7. 이성의 반대말은 감각보다는 인간일까?
   • 대화 1,2,6,8 • 텍스트: 스피노자
8. 이성은 믿을 수 있는 것일까?
   • 대화 1,2,3,4,5,6,7,8 • 텍스트: 몽테뉴
9. 이성을 논리로 환원할 수 있을까?
   • 대화 1,2,4,7,8 • 텍스트: 칸트
10. 현실이란 우리가 감각을 통해 지각하는 것이 될 수 있을까?
    • 대화 1,2,3,4,6,7 • 텍스트: 마르크스와 엥겔스
11. 이성과 감각을 대립적인 것으로 보아야 할까?
    • 대화 2,3,4,6,7,8 • 텍스트: 흄
12. 이성은 감지될 수 없는 것인가?
    • 대화 2,6,8 • 텍스트: 루소
13. 이성은 그 자체로 충분한가?
    • 대화 2,3,4,5,6,7,8

방법론적인 지적을 주고 있는 목록

두 부류의 방법적인 지적을 만날 수 있다. 즉 하나는 장애물이고, 또 다른 하나는 해결책이다. 여러 개의 확고한 장애물이나 해결책들이 때로는 서로 상당히 비슷하다. 그것들은 서로 일치하므로 서로 대체되거나, 또는 같은 측면에서 역할을 겸할 수도 있다.

❶ 장애물들

1. 의미 변화: 대화 1,6,8

어떤 주장이나 견해가 실질적으로 아주 다른 의미의 전환이 아닌 아주 비슷한 진술로의 전환을 은밀하게, 그리고 느낄 수 없을 정도로 서서히 실행하는 그런 주장이나 견해의 변화.

예: "인류에게는 이성이 부여되었다"라는 명제를 "인류는 합리적이다"로 바꾸는 경우.

(성급함, 격한 감정 참조)

2. 상대적인 것에 대한 불명확함: 대화 1,3,7

아직 확정되지 않은 가능성 있는 다양한 주관적인 관점들을 내세우면서, 대답하거나 견해를 밝히거나 또는 그 의미를 시험해 보는 것을 거부하기.

예: "이성은 인간을 자유롭게 하는가?"라는 물음에, 각자의 견해에 달려 있다고 대답하는 경우.

(다(多)개념 참조)

3. 잘못된 명증: 대화 1,2,3,6,8

선입견이나 편견 또는 사고의 부재에 속하는 뚜렷한 명증으로 단번에 확인하며 흔해 빠진 생각, 진부한 이야기를 명백한 것으로 간주하는 현상.

예: 다음과 같은 명제를 무조건 확실한 것으로 받아들이는 것이다. "세상 모든 사람들이 옳다고 믿는 것을 그르다고 할 수는 없다." 하지만 과학적으로 중요한 전혀 새로운 발견의 출현을 이에 대한 반박의 예로 인용할 수 있을 것이다.

(독단적인 확신, 수적인 변명, 격한 감정, 사회 통념 참조)

4. 독단적인 확신: 대화 1,2,4,6,8

개인적인 생각을 증명하려고 노력하지도 않고, 그 생각에 관련된 전제 사항들과 결과들을 깊이 연구해 보지도 않으며, 그 생각을 시험하지도 그에 상반되는 가설을 검토해 보려고도 시도하지 않은 상태에서 개인적인 생각을 이론의 여지없이 명백하다고 판단하고 그것을 성급하게 발설하며, 더욱이 그것을 반복하는 것에 만족스러워하는 사람의 태도. 문제 제기의 모든 가능성을 차단하는 사고의 부족.

예: 이성은 편견으로부터 우리를 해방시킨다에서처럼 어떤 점에서 "이성이 우리를 해방시키는가"를 파악하지도 않은 채 "이성은 우리가 자유로워지는 것을 방해한다"고 주장할 때 일어난다.

(격한 감정, 잘못된 명증, 사회 통념, 단순화시킨 사고 참조)

5. 수적인 변명: 대화 1,4,7

다양성에 대한 언급은 사전에 드러난 주장을 명백히 확인해 준다고 여겨지는데, 소위 그 다양성이라는 것에 대한 의견 진술.

예: "세상 사람들은 이성이 우리의 자유를 방해한다는 사실을 알고 있다" "수많은 예에서 이성이 우리를 해방시킨다는 점이 입증된다." 정확한 것이거나 명백하게 진술된 것이 아니라면 일반적으로 횟수 그 자체로는 아무것도 입증되지 않는다.

(독단적인 확신, 잘못된 명증, 사회 통념 참조)

6. 사회 통념: 대화 1,4,5,6

어떤 사고나 주장이 전통·습관·사회 계층, 저명하거나 또는 저명하지 않은 전문가의 영향력에 의해, 또는 그 어떤 '불변의 본질'에 대한 명증에 의해 법직인 유효성을 인정받을 것이라는 단 하나의 이유만으로도 어떤 사고나 주장을 인정하는 행위.

예: "이성은 인간을 해방시킨다"라는 명제를 "역사를 통해 우리는 사실을 확인한다……" "고대 이후, 우리는 …과 같은 사실을 알게 되었다" "그와 같은 철학자는 …라고 말한다" "그 사회는 …와 같은 사상을 기초로 세워졌다……" 등과 같은 표현을 통해서만 정당화하고 받아들이는 경우이다.

(수적인 변명, 독단적인 확신, 격한 감정, 잘못된 명증, 단순화시킨 사고, 성

급함 참조)

7. 격한 감정: 대화 1,7

가능성 있는 또 다른 의미는 고려하지 않은 상태에서 우리들의 이야기를 계속하기 위해, 우리가 품고 있는 확신이 우리가 한 말에 대한 분석과 시험을 거부하도록 이끌어 주는 숙고의 순간.

예: "이성이 인간이 자유로워지는 것을 방해한다"라고 생각하면서 대화에 뛰어들 때 내게 제기된 반론에 대답하기를 거부하기 때문이든, 나 혼자 그런 반론을 제기할 시간이 없었기 때문이든 간에 나는 "이 명제가 힘이 가장 센 사람의 법을 지지할 수 있을까?"와 같은 반론에 대답하지 못한다.

(독단적인 확신, 다(多)개념, 잘못된 명증, 단순화시킨 사고 참조)

8. 성급함: 대화 1,2,3,4,6,7,8

다루어야 하는 문제의 해결에 개입할 수 있는 다양한 요인들을 확인하는 수고를 사전에 하지 않고 성급하게 한 대답인데다가, 더구나 명백하지도 않은 대답을 하는 태도. 혼동과 오해의 위험을 야기시킴.

예: "이성이 인간을 자유롭게 하는가?"라는 질문에 어떤 점에서 이 대답이 이성이 인간을 해방시키는지, 혹은 어떻게 이성이 구속을 나타낼 수 있는지 설명할 시간도 갖지 않고서 "인간은 천성적으로 이성을 지닌다"라고 대답하는 경우이다.

(의미 변화, 독단적인 확신, 격한 감정 참조)

9. 설명되지 않은 예: 대화 2,4,5,7

문제가 되고 있는 예시가 미치는 영향력과 이익을 보여 줄 수 있을 것 같은 분석이 제공되지 않고, 서술 형식의 표명 또는 단순한 언급이 견해나 주장을 충분히 증명하고 있다고 생각하는 예시의 부당한 이용.

예: "신념은 이성에 어긋난다"라는 생각을 지지하기 위해 다른 설명을 하지 않고, 이에 대한 조사를 언급할 때이다.

(다(多)개념, 잘못된 명증, 단순화시킨 사고 참조)

10. 다(多)개념: 대화 1,3,6,7

개념에 함축되어 있는 전제 사항들을 연구할 때, 동시에 가능성 있는 다양한 결과들을 분석할 때 끝까지 밀어붙이지 못한 주장을 생성해 내는 결과가 나오는 개념의 일부가 삭제된 모호한 사용. 따라서 채택된 입장은 완벽한 논거 제시의 논리에서는 수용되지 않는다.

예: "이성은 깨달음이 아니다." 하지만 여기서 깨달음이란 용어가 감각적인 깨달음, 교양, 경험을 뜻하나? 명제는 다양한 해석에 따라 매우 다채로워진다. 그리고 이러한 해석은 완전히 반대일 수 있는 상이한 의미를 만들어 낸다.

(독단적인 확신, 성급함 참조)

11. 단순화시킨 사고: 대화 2,4,5,6,8

실질적인 쟁점에서 자료 전체를 삭제하였기에 어떤 문제나 또는 어떤 개념에 대한 자료 전체를 고려할 수 없다고 확인된 사실. 단 하나의 관점만을 임의적으로 선택하고 주장하는 현상. 개인적인 생각의 증명이기는 하나 비판적인 입장은 부재되어 있다.

예: "이성이 인간을 해방시키는가?"라는 질문에 대답하지 않고, 오로지 이러한 시각을 완성하기만 하는 경우이다.

(독단적인 확신, 격한 감정, 잘못된 명증, 사회 통념 참조)

12. 무력화시키는 불확실성: 대화 3,7

자신의 사고를 진전시키는 데 억압받고 있는 사람의 태도. 두 개 내지 여러 개의 상반되는 선택 사항들이 어느것 하나 단번에 지지를 성공적으로 이끌어 내지 못하고, 그리고 대치하고 있는 주장들을 감히 분석하거나 문제를 제기하는 위험을 감수하지 않은 상태에서 머릿속에 나타나기 때문이다.

예: 처음에 "이성이 인간을 해방시킨다"라고 말한 후 "이성은 인간에게 속박이다"라고 말한다. 그리고 나서 망설여진다고만 하고는 결국 이것이 어려운 문제이고 결단을 내릴 수 없다는 결론에 이르게 된다.

(다(多)개념, 문제 제기의 난점 참조)

13. 합(合)의 착각: 대화 1, 2, 6, 8

하나의 사고를 이루고 있는 두 개 또는 여러 개의 구성 요소들을 인위적인 단위 속에 묶어둠으로써 그것들을 별개로 생각하는 것에 대한 거부. 이는 대립되는 측면을 정확하게 평가하고, 그런 다양한 측면들을 담고 있는 문제를 표명하는 것을 방해하고 있다. 반론에 대한 피상적인 해결이다.

예: "몇 가지 예외의 경우를 제외하고, 우리는 이성이 인간을 해방시킨다고 말할 수 있다"라는 명제가 그렇다. 드물기도 한 예외의 한계를 지우지 않으면서 어떤 점에서 이성이 인간을 해방시키는지, 어떤 점에서 이성이 그렇지 않은지를 설명해야 한다.

(문세 제기의 난점, 일치성 상실 참조)

14. 일치성 상실: 대화 1, 3, 4, 5, 6, 7, 8

분할되고 점묘적인 접근에 유리하게, 그리고 전체적인 이야기의 일치성을 고려하지 않고 사고를 이루고 있는 여러 구성 요소들간의 관계 망각. 사고를 전개함에 있어서 일관성 단절, 또는 논리성 단절.

예: "이성이 인간을 해방시키는가?"라는 질문에 심리학적·지적 양상을 다루고, 이 주제에 대한 문제를 제기하고 나서 이미 끝난 작업에 새로운 양상을 연결하는 일에 대해 걱정하지 않고 이 질문의 도덕적 측면을 논의한다.

(문제 제기의 난점, 합(合)의 착각, 단순화시킨 사고 참조)

15. 문제 제기의 난점: 대화 1, 2, 3, 5, 6, 7

어떤 주어진 주제에 관한 두 개 내지 여러 개의 상반된 주장들에 부딪히게 될 때, 그 주장들을 함께 유기적으로 연결시키기를 주저하거나 거부하는 사고 부족. 사고는 그때부터 문제를 만들어 내면서 상반된 주장들을 진정으로 논하여 연결짓지 못한 채 두 주장 사이에서 동요하고 있으며, 게다가 그 주장들을 단순하게 연결짓고 있다.

예: "인간은 열정 때문에 자유롭다" "열정은 인간의 자유를 방해한다" 같은 명제들은 차례로 제시되거나 나란히 놓여진다. 사람들은 어떤 개념을 축으로 대립하는지 확인시켜 주는 문제로 이 둘을 다 연결시켜 보지도 않고서 결단을 내릴 수 없다는 결론에 이른다. 그러므로 "열정은 인간이 이성의 명확한 비판하에 그것을 둘 수 있는 경우에 인간을 해방시킨다"고 주장할 수

는 있다.

(합(合)의 착각, 단순화시킨 사고 참조)

☼ 해결책들

1. 판단 보류: 대화 2,5,7

어떤 주장이나, 또는 어떤 문제에 관해 내릴 수 있는 다양한 해석 가능성을 진술하고 연구하기 위해 일시적으로 모든 편견을 따로 떼어놓기.

예: 논리가 구속이라고 생각한다 해도, 이 질문을 연구하고 여기에 문제를 제기하기 위해 자신의 확신을 유보하는 것을 말한다.

(비판적인 입장, 있을 수 없는 것을 생각해 보기 참조)

2. 개념 완성: 대화 1,2,4,5,7

어떤 주장에 대한 상당수의 요소들을 탐구하고 책임지기, 그 주장의 전제 사항이나 결과에 대한 인정, 그 주장이 지니는 다양한 의미나 뉘앙스에 대한 해석.

예: "이성이 인간을 해방시킨다"고 말한다면, 이성이라는 용어를 서로 다른 의미, 이를테면 정신의 규범이라든가 사물의 질서, 인식의 방식으로 제시하거나 각각의 결과를 명시하면서 여러 의미 가운데 하나를 선택해야 한다.

(모범적인 문제 제기 참조)

3. 비판적인 입장: 대화 2,4,5

어떤 주장을 분석하고 그 주장이 지니는 한계를 확인할 수 있도록 여러 질문이나 반론을 받아들이기. 이는 주장하는 내용을 분명하게 해주고, 그 주장이 지니는 전제 사항과 결과들에 대한 이해를 심도 있게 할 수 있도록 해주며, 그리고 문제를 제기할 수 있게 해주는 것이다.

예: "이성은 인간을 해방시킨다"라고 말할 때 이성이 감각을 부정하고, 상상력이나 신념을 부정한다고 반박하고, 또 이러한 반론에 대답할 수 있어야 한다.

(판단 보류, 있을 수 없는 것을 생각하기 참조)

4. 있을 수 없는 것을 생각하기: 대화 3,4,7

선험적으로 우리가 지니고 있는 확신과 초기의 이성적 고찰이 그 가능성을 거부하는 듯이 보이더라도 하나의 가설을 생각하고 진술하기, 그리고 가설의 영향과 결과를 분석하기. 직관적으로 우리가 보기에는 받아들일 수 없을 것 같은 가설일지라도 증명을 통해 우리에게 강한 인상을 주는 가설을 받아들이기.

예: 최초의 가설이 "이성은 인간을 해방시킨다"라면, 비록 이 명제가 부조리해 보이더라도 "이성은 구속이다"라는 반대 입장을 정당화해 봐야 한다. 이는, 예를 들어 이성은 욕망과 열정을 억제한다는 것에 대한 설명을 전제로 한다.

(판단 보류, 비판적인 입장 참조)

5. 분석된 실례: 대화 2,3,4,5

어떤 문제 제기나 개념을 연구하거나 설명하기 위해, 또는 그것들의 타당성을 증명하기 위해 문제 제기나 개념을 상황에 맞게 제시하고 있는 실례를 인용하거나 생각해 내기, 그런 다음 설명하기.

예: "논리가 욕망을 부정한다는 점에서 그것은 인간을 구속한다"라는 생각을 지지하려면, 우리는 논리로 축소될 수 없는 예술가의 역할을 예로 들어 분석할 수 있다.

(개념 완성, 조작 개념의 도입 참조)

6. 조작 개념의 도입: 대화 1,2,3,4,6,8

문제 제기를 하거나, 또는 문제 취급을 명확히 해명해 줄 수 있는 새로운 관념 내지 견해를 사고 속에 도입하기.

조작 개념이 하는 역할은 "그건 형편 나름이다"처럼 의미 없는 모든 상대주의를 회피하고, 그 가설들을 명확히 밝히며 견해들간의 관계를 구축하는 데 있다.

예: "이성은 인간을 해방시킨다"라는 생각을 정당화하기 위해 '자기 통제'라는 개념을 도입하고 설명하는 경우이다.

(개념 완성, 모범적인 문제 제기 참조)

7. 모범적인 문제 제기: 대화 1,3,4,5,8

문제 제기를 하거나, 또는 개념을 명백하게 하기 위해 똑같은 주제에 대해 둘 내지 여러 개의 상이하거나 상반되는 주장을 간결하게 관련짓기. 문제 제기는 질문의 형식을 취할 수도 있고, 문제나 역설 또는 반론을 나타내는 주장의 형식을 취할 수도 있다.

예: 감각의 문제를 다루기 위해 "감각은 세상을 인식하기 위한 제일의 접근 방식이다"와 "우리는 감각의 노예인가"라는 두 명제를 만들고 나서, "감각적 인식만으로 충분한가?"와 같은 질문의 형태나 "감각은 그 자체로 충분치 않은 인식에 꼭 필요한 형태이다"와 같은 단언의 형태로 문제를 연결시킨다.

(개념 완성, 조작 개념의 도입 참조)

개념 도구 색인

숫자는 대화 번호를 가리킨다.

개념 도구들은 보통 강조하기 위해, 그리고 개념 도구가 지니는 의미와 활용을 분명하게 말하기 위해 상반되거나, 또는 비슷한 성질을 띠고 있는 또 다른 개념 도구들과 관련되어 제시되고 있다.

텍스트에 대한 질문의 답

텍스트 1 쇼펜하우어

1. 그렇지 않다. 추론이 증명을 하든 반박을 하든, 그것은 자주 허울에 불과하다. 추론은 청중을 설득하지만, 이 설득이 꼭 진실을 토대로 삼지는 않는다.

2. 그것은 설득시키는 일이다. 적어도 겉으로 드러난 바로는 공정하게 진실을 추구하기 위해서라기보다는 종종 자신이 옳다는 것을 설득하기 위함이다.

3. 그렇지 않다. 불행히도 추론이 허영심을 이용하는 일은 아주 흔히 일어난다.

텍스트 2 파스칼

1. 그렇지 않다. 진실 중에 어떤 것은 순수한 직관의 대상으로 증명 없이도 널리 알려져 있다.

2. 그렇지 않다. 어떤 개념들이 마음에서 만들어지기도 한다. 하지만 이것들은 다른 차원의 확실성에 관련이 있다.

3. 제일의 진실이란 증명할 수 없는 공리, 단순한 직관을 통해 널리 알려진 명증한 증거인 원리들이다.

텍스트 3 말브랑슈

1. 사람들 사이의 커다란 문화적 차이에도 불구하고 이성은 모두에게 한결같다는 것이다.

2. 그렇지 않다. 첫번째의 경우 이성은 능력, 인간이 지닌 사유 능력을 지칭하는 반면, 두번째의 경우 이성은 추론이나 동기, 더 나아가 행위의 원인을 지칭한다.

3. 이성은 늘 보편적이지만, 열정은 특수하다. 그것들은 특정 개인을 가리킨다.

1. 그렇지 않다. 그것으로는 충분하지 않다. 그것은 기억만 작동시킬 뿐 제대로 판단하기 위한 우리의 능력은 개발시키지 않는다.

2. 첫째, 그들의 이성이 늘 명확한 것이 아니고, 때로는 그들의 기록에서 조차 진정으로 진실하지 않기 때문이며, 둘째로, 그들의 이성이 그들 사이에서 이루어진 완전한 합의의 산물이 아니기 때문이다.

3. 자기만의 판단을 가꾸도록 노력해야 한다.

텍스트 5 베르그송

1. 우리가 도덕적 행위를 항상 합리적으로 정당화할 수 있다는 의미에서 그렇다.

2. 비록 도덕을 통해 도덕적 행위에 처음부터, 그리고 그 동기에 이성이 있다는 사실을 알고 있다 해도 도덕이 합리적인 것은 아니다.

3. 과학과 자연에 대한 인식에 관한 분야이다.

텍스트 7 스피노자

1. 그렇다. 정의를 내리자면 감정은 각 개인이 자기 자신을 위해 혼자서, 독특하게, 다른 사람들과는 다르게 경험하는 것이기 때문이다.

2. 그렇지 않다. 하지만 종교의 힘이 거의 지속적이지 않고, 생활의 어떤 환경에 제한된다.

3. 그렇지 않다. 그것이 합리적인 이상, 그것은 이성을 지닌 모든 인간들에게 동일한 것이다. 하지만 이성이 인간의 행동에 크게 영향력을 행사하는 일은 거의 없다.

텍스트 8 몽테뉴

1. 그렇지 않다. 종교적 진실은 신성한 계시를 통해서만 알려질 수 있기 때문이다. 게다가 신은 무지한 자들, 단순한 자들에게는 이런 계시를 더욱 아낀다.

2. 그렇지 않다. 이성은 오히려 수동적이다. 진실은 외부로부터 이성에게로 전해진다.

3. 그것들은 우리 특유의 무지함을 깨닫도록, 혼자서는 어떠한 진실도

발견할 수 없는 이성의 무능력을 깨닫도록 해준다.

텍스트 9　칸트

1. 그렇지 않다. 왜냐하면 감각의 산물들을 조직하니까……

2. 그렇지 않다. 논리도, 합리적 관계도 없이 그 자체로 머문다. 그 안에 논리를 끌어들이는 것이 이해이다.

3. 그렇지 않다. 이해 혼자서는 공허한 형식만을 제공하기 때문이다. 이 러한 형식은 내용이 없기 때문에 실제적인 지식이 될 수 없다.

텍스트 10　마르크스와 엥겔스

1. 그렇지 않다. 정신이 감각의 세계가 그 원칙에 부합하지 않는다는 사실을 깨닫기 때문이다.

2. 철학자는 눈에 보이는 사물들의 외양에 만족하지 않고 사물들 속에 있는 근본을 알아내고자 한다.

3. 감각을 통한 파악에서 벗어나는 것은 인간 행동의 결과인 현실이다. 감각이 파악하는 바의 역사적 차원이다.

텍스트 11　흄

1. 우리의 지각에 외적 현실이 있다는 선입견과 이러한 지각이 이 현실을 그대로 반영한다고 주장하는 선입견이 그것이다.

2. 그렇지 않다. 왜냐하면 정확하게 말하자면 정신은 자기만의 감각만을 거의 느끼니까 말이다.

3. 우리의 감각이 변할 수 있지만 대상은 그대로 있다는 사실이다. 대상과의 거리 때문에 생기는 다양함을 예로 들 수 있다.

텍스트 12　루소

1. 그렇지 않다. 우리가 합리적 추론 없이 경험하는 것은 자연스런 감정이다.

2. 우리가 고통받는 자와 우리를 동일시할 수 있다는 조건에서 그렇다.

3. 아마 그럴 것이다. 하지만 그 기원은 동일한 이성이다. 그러므로 이 이성은 자기 자신의 결함만을 바로잡을 것이다.

동문선

《얀 이야기》 ⓒ 2000 JUN MACHIDA

텍스트 14 헤겔

1. 현실에 전념한다. 다시 말해 확실한 것에 전념한다.

2. 헤겔이 비판하는 것은 현실 너머에 있는 이상이나 이데아이다. 그것은 실제로 존재하는 것과는 다른 것이기 때문이다. 그의 견해에 따르면 이상, 그 역시 현실이다.

3. 현실을 떠나는 사유는 또한 현실에게 버림받을 위험이 있다. 이러한 사유는 어떠한 현실도 목적으로 삼지 않을 것이고, 그렇기 때문에 비사유인 공허한 사유가 된다.

텍스트 15 파스칼

1. 그렇다. 인간이 천성적으로 이성적인 존재라는 점과 관련해서 그렇다.

2. 그렇지 않다. 이성 자체는 상상력의 노리개이다.

3. 그렇지 않다. 그것은 꾸며낼 수 있고, 저 혼자 감각을 만들어 낼 수 있다.

텍스트 16 데카르트

1. 우리의 신경계, 빛줄기에 영향을 미치는 것이 감지된 대상의 일부가 아니고, 그것과는 아무 상관이 없기 때문에 우리의 감각과 감지된 대상 사이에는 닮은 점이 없다는 것이다.

2. 그렇지 않다. 우리가 경험하는 감각은 감각 능력의 본성과 뇌의 구조와도 상관이 있기 때문이다.

3. 판단이 개입할 때 그것을 알아차린다.

텍스트 17 로크

1. 정신의 이데아는 정신이 본래 순수하고, 일체의 감각과 내재된 이데아도 갖고 있지 않다는 것이다.

2. 그렇지 않다. 우리는 우리의 이데아, 우리의 내적 상태를 파악할 수도 있다.

3. 이 둘은 모두 경험과 감각적 지각에서 비롯된다. 다시 말해 이 둘을 통해 우리의 정신이 작동하는 것이다. 정신은 감각을 통해 외부 대상의 인상을 받아들이고, 성찰을 통해 내적 작용의 인상을 받아들인다.

텍스트 18 알랭

1. 감각적 지각이 순수 객관적 사실이고, 감각은 중성적이라는 생각이다.

2. 그것은 잡다한 지각에 일관성, 즉 사물의 일관성을 부여한다. 이것이 종합의 역할이다.

3. 우리가 쳐다보는 면이 우리에게 반대쪽 면을 감추고 있는 이상, 결코 전체를 동시에 볼 수 없기 때문이다. 대상의 전부를 포착한다는 것에는 늘 우리가 실제로 지각하는 것에 실제로는 지각되지 않는 어떤 것이 첨가된다는 사실이 포함된다. 여기에는 이성이 꼭 필요하다.

텍스트 19 베르그송

1. 직관은 지속과 운동, 되어감을 생각하는 반면에 합리적 인식은 순간, 고정성, 부동성에 천착하기를 선호한다.

2. 그렇다. 왜냐하면 모르는 것을 이미 잘 알고 있는 개념의 새로운 인자라는 형태로 이미 알고 있는 것 쪽으로 이끌기 때문에 이해하기가 더 쉽다.

3. 그렇지 않다. 합리적 인식이 훨씬 더 복잡하다. 그것은 다양한 요소들을 해체하고 분석한 후 다시 연결시키기 때문이다. 직관은 이보다 더 종합적이다. 그것은 단번에 전체를 이해하고 나눌 수 없는 단순한 개념을 제시한다.

텍스트 20 라이프니츠

1. 그렇지 않다. 감각의 산물은 보통 합리적 확실성을 더욱 확고하게 해준다.

2. 그렇지 않다. 사실이긴 해도 이러한 산물들은 절대로 필요성이란 특징을 갖지 않는다. 우리가 눈으로 관찰한 기하학적 성질을 증명하는 일은 그것이 우연이 아니라 반드시 그래야 한다는 것을 확신하게 해준다.

3. 절대 그렇지 않다. 이는 주어진 상황에서 주어진 특정 순간에 일어난, 특정하고 결정적인 사실들만이 감각의 대상이 될 수 있다는 뜻이다.

텍스트 21 스피노자

1. 그렇지 않다. 감각과 상상력이 그렇다.

2. 그렇지 않다. 상상력은 합리적이지 않다. 상상하는 사람은 감각에만 의

존한다.

3. 그렇지 않다. 그것들은 외부의 신체들이 우리 자신의 신체에 가한 행동의 결과일 뿐이다.

텍스트 22 칸트

1. 그렇지 않다. 그들이 종속을 선호한다는 것이 가장 흔한 일이다.

2. 스스로 합리적 추론을 하려는 의지가 모자란 것이다.

3. 이러한 능력은 그들에게 복종하는 사람들 때문에 그들에게 자발적으로 맡겨졌다.

텍스트 23 니체

1. 그렇지 않다. 이성은 특히 '위대한 이성'으로 규정되는 몸 안에 있다. 정신, 의식은 이 위대한 이성의 노리개에 불과하다. 그러므로 그것들은 '작은 이성'이 된다.

2. 그것은 스스로를 자기 고유의 목적성과 모든 사물의 목적성이라고 믿는다.

3. 그렇지 않다. 그것들은 속임수이다. '위대한 이성'에 귀기울이려면 귀를 닫아야 할 것이다.

텍스트 24 에픽테토스

1. 성찰을 통해 우리 행위를 실제로 개선시키는 방법을 발견하는 대신 오로지 책에서만 나오는 교양의 주제를 끌어내는 것이다.

2. 그렇지 않다. 실천하는 일이 논리적으로 자연과 사유에 대한 합리적 인식의 결과이기 때문이다. 하지만 일상 생활에서는 행동이 가장 앞서므로 가장 다급한 것이 된다.

3. 그렇지 않다. 이성은 행동을 준비하고 정당화한다. 하지만 우리는 이성을 아무것도 하지 않기 위한 핑계로 생각하는 일이 아주 흔하게 일어난다.

텍스트 25 플라톤

1. 그렇다. 지혜와는 반대로 아름다움은 눈으로 파악될 수 있기 때문이다.

2. 육신의 욕망에, 육체적 소유에 굴복하게 되는 유혹이다.

3. 신성한 아름다움, 근원적인 진실을 떠올리면서 평가할 수 있다. 아름다운 사물들은 바로 이것들의 모방이거나 그림자이니까······.

이은민
서강대학교 불어불문과 졸업
서강대학교 불어불문과 대학원 졸업
역서 :《이미지의 폭력》《동양과 서양 사이》
《무관심의 절정》《하나이지 않은 성》
《청소년을 위한 이야기 경제학》《삶의 기쁨들》
《제7의 봉인 비평 연구》《쥘과 짐 비평 연구》

문예신서
285

이성과 감각

초판발행 : 2004년 12월 30일

東文選

제10-64호, 78. 12. 16 등록
110-300 서울 종로구 관훈동 74번지
전화 : 737-2795

편집설계 : 李姃旲

ISBN 89-8038-518-8 94100
ISBN 89-8038-000-3(세트 : 문예신서)

東文選 現代新書 42

진보의 미래

도미니크 르쿠르

김영선 옮김

  과거를 조명하지 않고는 진보 사상에 대한 미래를 예견할 수 없다. 진보라는 단어의 현대적 의미가 만들어진 것은 17세기 베이컨과 더불어였다. 이 진보주의 학설은 당시 움직이는 신화가 되었으며, 공산주의자들이 그것을 계승한 20세기까지 그러하였다. 저자는 진보주의 학설이 발생시킨 '정치적' 표류만큼이나 '과학적' 표류를 징계하며, 미래의 윤리학으로 이해된 진보에 대한 요구에 새로운 정의를 주장한다.

  발달과 성장이라는 것은 복지와 사회적 화합에서 비롯된 두 가지 양식인가? 단연코 그렇지 않다. 작가는 비관주의에 빠지지 않으면서도 다소 어두운 시대적 도표를 작성한다. 생활윤리학·농업·환경론 및 새로운 통신 기술이 여기서는 비판적이면서도 개방적인 관점에서 언급된다.

  과학과 기술을 혼동함에 따라 사람들은 무엇에 대해 말하고 있는지 더 이상 알지 못한다. 정치 분야와 도덕의 영역을 혼동함에 따라 무엇을 생각해야 할지 또한 더 이상 알지 못한다. 작가는 철학의 새로운 평가에 대해 옹호하고, 그래서 그는 미덕의 가장 근본인 용기를 주장한다. 그가 이 책에서 증명하기를 바라는 것은 두려움의 윤리에 대항하며, 방법을 아는 조건하에서는 모든 사람이 철학을 할 수 있다는 점인 것이다.

東文選 現代新書 109

도덕에 관한 에세이

크리스티앙 로슈 外
고수현 옮김

전쟁, 학살, 시체더미들, 멈출 줄 모르는 인간 사냥, 이보다 더 끔찍한 것은 살인자들이 살인을 자행하면서 느끼는 불온한 쾌감, 희생자가 겪는 고통 앞에서 느끼는 황홀감이다. 인간은 처벌의 공포만 사라지면 악행에서 쾌락을 얻는다.

공민 교육이라는 구실하에 학교에서 도덕을 가르치는 것에 대해 찬성해야 할까, 반대해야 할까?

도덕은 가르칠 수 있는 것일까? 도덕은 무엇을 근거로 세워진 것인가? 도덕의 가치를 어떻게 정의내릴 수 있을까?

세계화라는 강요된 대세에 눌린 우리 시대, 냉혹한 자유 경제 논리에 가정이 짓밟히는 듯한 느낌이 점점 고조되는 이때에 다시금 도덕적 데카당스를 비난하는 목소리가 높아지고 있다. 물론 여기에는 파시스트적인 질서를 바라는 의심스러운 분노도 뒤섞여 있다. 또한 다른 사람들에 대한 온화한 존경심에서 우러나온 예의 범절이라는 규범적인 이상을 꿈꾸면서 금기와 도덕 규범으로 되돌아갈 것을 요구하는 사람도 있고, 교훈적인 도덕의 이름을 내세우며 강경한 억압책에 호소하는 사람들도 있다.

하지만 어떻게 억지로, 혹은 도덕 강의로 도덕적 위기에 의해 붕괴되어 가는 가정 속에서 잘못된 삶을 사는 청소년들을 '일으켜 세울' 수 있다고 생각할 수 있는가? 도덕이라는 현대적 변명은 그 되풀이되는 시도 및 협정과 더불어, 단순히 담론적인 덕을 통해 사회 문제를 해결하지 못하는 모종의 무능력함을 몰아내고자 하는 것은 아닐까?

東文選 文藝新書 2001

우리 아이들에게
어떤 지표를 주어야 할까?

장 릭 오베르 / 이창실 옮김

가족이 해체되고, 종교와 신앙·가치들이 의문에 부쳐지고, 권위와 교육적 기준들이 흔들리고 있다. 오늘날 전통적 지표들이 동요하고 있는 것이다. 그런데 아이가 밝고 건강하게 자라기 위해서는 반드시 지표들이 주어져야 한다. 그렇지 못할 경우에 극단적인 태도로 기울어질 위험이 있기 때문이다.

교육심리학자이자 여러 저서의 저자이기도 한 장 릭 오베르는, 아이들과 부모들에 대한 일상의 관찰에 힘입어 다음의 질문들에 대답하고 있다.

- 갓난아이, 어린아이, 청소년에게는 어떤 지표들이 반드시 필요한가?
- 아이를 과잉보호하지 않고 어떻게 안심시킬 수 있을까?
- 왜 다른 교육이 필요한가?
- 청소년기의 위기 앞에서 어떻게 반응해야 할까?
- 건전한 지표들과 불건전한 지표들을 어떻게 구별할 수 있을까?
- 무엇이 아이에게 강한 정체성을 부여하는 것일까?
- 쾌락과 관련된 지표들이 어떤 점에서 중요한가?
- 아이들은 신앙을 필요로 하는가?

본서는 부모들의 필독서로서, 그들에게 반성의 실마리 및 조언을 주어 자녀들이 절대적으로 필요로 하는 지표들을 제공할 수 있도록 한다. 그리하여 아동이 속박이나 염려스러운 불분명함 속에 방치되는 일 없이 교육을 통해 적절한 균형을 찾을 수 있도록 도와 준다. 또한 현재와 미래의 행복한 삶을 위한 성공의 조건들을 하나하나 제시해 나간다.

東文選 文藝新書 252

일반교양강좌

에릭 코바

송대영 옮김

　본《일반 교양 강좌》는 오늘날 발생하고 있는 시사 문제에 접근하기 위한 **기본 입문서**인 동시에, 대부분의 시험에서 채택하는 '철학 및 교양' 구술시험을 위한 요약 정리 참고서로도 도움이 되도록 하였다. 따라서 시험에 임박해 있거나, 이 과목에 많은 시간을 투자할 수 없는 수험생들이 이용하기에 알맞을 것이다. 이 책의 내용은 사고(思考)의 방향을 제시하기보다는 사고 작용을 돕도록 구성된 것이며, 각 주제들── 권위 · 교외 · 행복 · 형벌 · 계약 · 문화…… 노동 · 노령──를 4단계로 나누어 구성하였다.

　먼저 **정의하기** 항목에서는 기존의 개념에 대한 역사적이고 언어학적인 접근을 시도하였다.

　두번째 **내용 구성하기** 항목에서는 문제 제기에 대해 논술 요약 형식으로 간결하게 내용을 전개하고자 한다.

　세번째 **심화하기** 항목에서는 전적으로 주제에 대한 기존 시각에서 소개된 철학 서적에서 주제의 내용과 직접적으로 연관된 세부 내용을 인용하고자 한다.

　마지막으로 **시사화하기** 항목에서는 우리의 연구에 합당한 개념을 담고 있는 '놀랄 만한' 철학적 모티프를 현재 일어나고 있는 시사 문제 속에서 찾고자 할 것이다.